はしがき

　本書『Active Writing Complete Course』は，国公立・私立大学の英作文問題対策の問題集です。

　「アクティブライティング」という言葉には，「主体的に表現する力」を習得してほしいという願いを込めました。「主体的に表現する力」とは，「自分で考え，自分で発信する英語力」のことです。収録した問題のほとんどが最新の話題や現代の諸課題について主体的に思考して表現する大学入試問題で，こうした問題を通じて「アクティブな英作文の力」が身につくように構成しました。

　英語のネイティブスピーカーではない私たちにとって，自分が書いた英文が正しいかどうか判断することは難しいものです。そんな私たちが正しい英語を書くためにまず必要なことは，多くの正しい英語に触れ，それらを吸収することです。本書で取り上げた例文や問題の中には，「使える英語」としてインプットしてほしい表現が多く含まれています。インプットした表現を手に，「アクティブな英作文の力」を磨いてください。

2020年7月
著作者しるす

本書の構成と利用法

■ Stage 1／Stage 2　文法・トピックの面から正しい表現をインプットし，一文を英訳する

【各課1ページ目】

・例文や解説を通じて，各課の文法およびトピックに関するポイントをつかんでください。

・**基本例題**：各ポイントを確認するための基本問題です。

【各課2〜4ページ目】

・1ページ目の例文や解説，各問に配置された **Writing Tips** や「**使える！　英作文表現集**」などを参考に，練習問題に取り組んでください。

・**Basic Practice**：部分整序問題や空所補充問題など，取り組みやすい問題としました。

・**Standard Practice**：標準的な英作文問題です。

・**Advanced Practice**：重要構文を含む問題や，やや複雑な文構造を含む問題を中心にしました。

　　・**Writing Tips**：日本語を英訳する際の発想方法や重要フレーズなどをヒントとして示しました。

　　・**Model Answer**：ここに模範解答を写し，正しい英文をインプットしましょう。自分が書いた英文と模範解答をよく見比べて，学習をふり返りましょう。

・**使える！　英作文表現集**：使用頻度が高い表現をまとめた **Collocational Phrases** と，文法上のポイントをまとめた **Grammar Tips** から成ります。

■ Stage 3　文章形式別に，複数文を英訳する

【各課1ページ目】

・主に，与えられた日本語をどのように英語に直していくかという「英訳の発想方法」についてまとめました。

【各課2〜4ページ目】

・複数文を英訳する問題ですが，英訳すべき文章に下線を引き，一文ずつ取り上げました。Stage 1・2で学習した一文作文の延長だと思って取り組んでください。

■ Stage 4／Stage 5　自由英作文の形式によるアウトプット

・「自分の考えを英語で論理的に表現する」自由英作文にチャレンジします。

・「スクエアライティング」という自分の考えを整理してまとめる方法を学び，英文を適切に完成させる練習をします。

・意見論述の他に，会話や手紙を創作する問題，表・グラフに示されたデータを読み取って記述する問題，イラスト・写真などについて描写する問題を設けました。

・最後に，「小論文」問題として出題された入試問題にもチャレンジします。

■記号などについて

・出題大学名に「★」があるものは改題，「☆」があるものは抜粋です。

・[　　]は前の語（句）と置きかえ可能であることを示します。

Contents

Lesson 1 主語の決定

Goal 英文には基本的に必ず主語がありますが，日本語はそうとは限りません。このような英語と日本語の違いを意識して，英語の主語を決定できるようになりましょう。

A 総称や一般論を表す表現

❶猫というのは，長期記憶をもっているとされる。

Cats have long memories. […というのは＝総称表現]

❷車を運転するときはいくら注意してもしすぎることはない。

You cannot be too careful when you drive. [一般論を述べる主語]

❶「総称表現」のパターン

冠詞をつけない複数形	a [an]＋単数名詞	the＋単数名詞
ある種類全体に一般的にあてはまる事柄を述べる。	名詞の種類や性質，定義を述べる。	他との区別を意識し，その種類の代表的な特徴について述べる。特に，発明品，楽器，動植物などに用いられる。

❷「一般論を述べる主語」のパターン

You	We	People	They
だれにでもあてはまる一般論を述べる。	自分を含むある集団について述べる。	世間一般の人々について述べる。people who … や those who … で「…な人々」を表すこともある。	話し手と聞き手を含まない一般的な人々について述べる。people を用いるほうがふつう。

（基本例題）1. 次の日本語に合うように，下線部に適語を入れて英文を完成させなさい。

本というのはずいぶん安いものである。 _____ very cheap. （神戸大☆）

B 日本語の「は・が」が常に「英語の主語」とは限らない

❸書くための紙が必要なんだ。いくらかもっていないかい？

I need some paper to write on. Do you have any? [目的語になる「が」]

❸日本語の「…は・…が」が「話題」を表し，英語の目的語になる場合がある。

例 外国の新聞は販売していません。（立命館大☆）

We do not sell foreign newspapers.

（基本例題）2. 次の日本語に合うように，下線部に適語を入れて英文を完成させなさい。

多くの友人ができてうれしかった。

I was happy because I _____. （筑波大☆）

C 「…な人がいる」

❹遺伝子により，ある病気にかかりやすい人がいる。 （日本大）

Some people are more likely to get certain diseases because of their genes.

[…な人がいる]

❹「…な人がいる」は Some people … で表す。×people who … are there などとはしない。

（基本例題）3. 次の日本語に合うように空所に適語を入れなさい。

狩猟は許されざるものであると考える人もいる。

(____) (____) believe that hunting should not be allowed.

Basic Practice 次の日本語に合うように（　　）内の語句を並べかえなさい。

1. 列車や地下鉄は時間通りに運行し決して遅れません。 （拓殖大★）

   Trains and (and / never / on / run / subways / they're / time) late.

2. 彼はずっと喉が痛かったらしい。 （京都女子大★）

   He seems (a / been / from / have / sore / suffering / to) throat.

3. 専門家の中には，コーヒーを飲むことによる健康面の利点について意見が一致しない人もいる。

   （青山学院大★）

   Some (drinking coffee / experts / about / of / the health benefits / disagree).

Standard Practice 次の日本語を英語に直しなさい。

1. インターネットはおもしろいし，そのうえ，英語の力がつく。 （愛知学院大）

   Writing Tips・「英語の力がつく」➡「(インターネットによって)自分の英語力を改善できる」
   ・「そのうえ」in addition / moreover

   Model Answer

2. 大学生は健康のために，毎日朝食を食べる時間を十分に取るべきだ。 （青山学院大）

   Writing Tips・「〜する時間を取る」take＋時間＋to 〜
   ・「健康のために」for one's health

   Model Answer

3. 百科事典や辞典といった書物はもう必要がなくなったと言う人がいる。 （京都大★）

   Writing Tips・「百科事典」encyclopedia
   ・「B といった A」A like B / such A as B
   ・「もう〜ない」not 〜 anymore / no longer 〜

   Model Answer

Advanced Practice ✎ 次の日本語を英語に直しなさい。

1. わたしたちの健康にとって歯は大切な役割を果たしています。 （京都大）

   Writing Tips ・「…にとって大切な役割を果たす」 play an important role in ...

   Model Answer _____

   _____

2. カフェインは私たちが睡眠をとるのを妨げると専門家は警告する。 （東洋大）

   Writing Tips ・「カフェイン」 caffeine

   Model Answer _____

   _____

3. 外国に行って初めて日本の伝統文化の素晴らしさに気づく場合が多い。 （青山学院大☆）

   Writing Tips ・「…して初めて〜する」 It is not until ... that 〜 / not 〜 until ...
   ・「〜する場合が多い」 ➡ 「〜しがちである」 be likely to 〜

   Model Answer _____

   _____

4. そんなにお腹が痛いのなら，お医者さんに診てもらった方がいいよ。 （愛知教育大）

   Writing Tips ・「お腹が痛い」 have a stomachache
   ・「お医者さんに診てもらう」 see the [a] doctor

   Model Answer _____

   _____

5. 異文化のなかに出ていったとき，自分の基準を守ろうとする人がいる。 （東北大★）

> **Writing Tips** ・「…に出ていく」go out into …
> ・「自分の基準を守る」follow one's own standard(s)

Model Answer

使える！英作文表現集

Collocational Phrases 「一般論を述べる主語」を用いた表現

■「…がよく言われる」「…が叫ばれる」People often say that … / It is often said that …

例　世界の温暖化が進んでいるということがよく言われている。 （関西学院大☆）

People often say that the world is getting warmer.

■「…だと信じている人が多くいる」Many people believe that …

例　何としてもジャガイモは避けるのだと信じている人がいまだに多くいます。 （甲南大）

Many people still **believe that** potatoes should be avoided at all costs.

Grammar Tips 日本語の「は・が」に関係する構文など

■「…は残念だ」It is a pity that …（アメリカ英語）/ It is a shame that …（イギリス英語）

例　彼がいまや1か月に1,400ドルという少ない年金で生活しているのは残念なことだ。

（東京理科大★）

It is a pity that even now he is living on a small pension of $1,400 a month.

例　その二国間の問題を解決する他の方法がないというのは残念なことだ。 （学習院大）

It is a shame that there is no other way to solve the problems between the two countries.

■「…が自然と身につく」naturally learn …

例　バイリンガルの親に育てられた子供は，2つの言葉が自然と身につくのかもしれない。

Children brought up by bilingual parents may **naturally learn** two languages.

Lesson 2 数の表現，主語と動詞の一致

Goal 英語は数[量]を表す表現を用いながら，単数・複数を示します。数[量]を表す表現が主語になる場合，動詞との一致を意識して英文を書けるようになりましょう。

A 数[量]の「多い・少ない」を表す表現

❶君の作文には間違いが少しある。

There are **a few** mistakes in your composition. [少しはある]

❷多くの人がパーティーに姿を見せた。

Many people showed up at the party. [多くの]

---

❶「少しはある／ほとんどない」を表すパターン

肯定的意味「少しはある」	a few＋可算名詞の複数形	a little＋不可算名詞の単数形
否定的意味「ほとんどない」	few＋可算名詞の複数形	little＋不可算名詞の単数形

例 その質問に回答した人はほとんどいなかった。

Few people answered the question.（×Little people）

❷「たくさんの」を表すパターン

可算名詞の複数形につける	many / a large number of
不可算名詞の単数形につける	a large amount of / a great deal of / much（通例否定文）
可算名詞・不可算名詞のどちらも可	a lot of / lots of(話し言葉) / plenty of

例 私はこれらの魚についてあまり情報をもっていません。

I don't have **much** information on these fish.（×many information）

●基本例題● 1. 空所に入れる語句として，最も適当なものを選びなさい。

His car carries [   ] mine. （金沢工業大）

[fewer people than / less people than / little people than / the fewest people / the least people / the littlest people]

B 「…が増える・減る」を表す表現

❸世界の若者の数は増え続けている。 （法政大）

The number of young people in the world **is increasing**. […の数が増える]

---

❸主語の the number（数）は単数形の名詞なので is で受ける。

●「…が増える・減る」を表す場合，「数」であることがはっきりわかる名詞には the number などはつけない。

income(収入), population(人口), price(価格), profit(利益), salary(給料), sales(売上), tax(税金), temperature(気温)など

例 世界の人口は19世紀から増え続けている。

The world **population** has continued to increase since the 19th century.

●基本例題● 2. 次の日本語に合うように空所に適語を入れなさい。

出版社の数は減っているけれども，ますます多くの大学卒業生がそこで働きたいと思っている。

（中部大★）

Although (   ) (   ) (   ) publishing companies (   )
(   ), more and more college graduates want to work for them.

Basic Practice 次の日本語に合うように空所に適語を入れなさい。

1. その通りは交通量が多い。 （工学院大★）

   There is (　　　　　) (　　　　　) (　　　　　) (　　　　　) on the street.

2. 男性が育児休暇を取れる職場はまだ少ない。 （福岡大★）

   There are still (　　　　　) (　　　　　) where men can take childcare leave.

3. 話題の数が増えるにつれて，親がそれを思い出す能力は落ちていった。 （亜細亜大★）

   As (　　　　　) (　　　　　) (　　　　　) topics went (　　　　　), the ability of parents to recall them went (　　　　　).

Standard Practice 次の日本語を英語に直しなさい。

1. 高齢者の3分の1ができる限り長く働き続けたいと思っている。 （杏林大☆）

   Writing Tips ・「高齢者の3分の1」one third of older people
   ・「できる限り長く」as long as they can

   Model Answer _____

   _____

2. ハンカチで鼻をかむ日本人はほとんどいない。 （関西学院大）

   Writing Tips ・「鼻をかむ」blow one's nose
   ・「ハンカチで」は「道具の with」を使い，with a handkerchief とする。

   Model Answer _____

   _____

3. そのコンサートには，たくさんの聴衆が来ていた。 （流通経済大★）

   Writing Tips ・「たくさんの聴衆」は a large audience がふつう。

   Model Answer _____

   _____

Advanced Practice ✎ 次の日本語を英語に直しなさい。

1. おそらく他の言語から大量の単語が大変な速さで英語に入り込み続けるだろう。 （熊本大）

   Writing Tips ・「…に入り込み続ける」continue to be introduced into … / keep coming into …
   ・「大変な速さで」at a surprising speed ➡ 「とても速く」very quickly

   Model Answer _____

   _____

2. 都会の子供たちが自然と触れあう機会はこの頃めっきり減ってしまっている。 （名古屋大☆）

   Writing Tips ・「自然と触れあう」➡ 「自然を体験する」
   ・「めっきり減る」decrease a lot

   Model Answer _____

   _____

3. 運動の機会が少なくなるにつれ，最近，体重に問題のある人が増えている。 （神戸学院大★）

   Writing Tips ・「運動」doing exercise / getting exercise
   ・「体重に問題のある」have weight problems

   Model Answer _____

   _____

4. 学んだり働いたりするために外国から日本を訪れる若者の数も年々増加している。 （名古屋市立大☆）

   Writing Tips ・「年々」year by year ➡ 「毎年」every year

   Model Answer _____

   _____

5. 観光客の数が増えるにつれて新しい体験を求める欲求は複雑化した。　　　　（大阪大☆）

　　　Writing Tips ▶・「…につれて」as …

Model Answer _____

_____

使える！ 英作文表現集

Collocational Phrases 「増える・上昇する」を表す表現

■「～する人が増える」an increasing number of people ～ / more (and more) people ～

　例　これらのサービスを利用する人の数が増えると予想されている。　　　（東京経済大）

　　　An increasing number of people are expected to use these services.

　例　今日では，数十年前と比べて一人暮らしをする人が増えている。　　　（北海道大）

　　　Today, **more people** live alone in comparison to previous decades.

■「価格・価値・数量が上昇する」rise / go up（話し言葉では go up をよく用いる）

　例　レギュラーガソリンの平均価格は過去2週間で15セント上がった。　　　（中央大）

　　　The average price of regular gasoline **rose** by 15 cents in the past two weeks.

Grammar Tips 分数表現

■分数の後に続く名詞が複数形の場合，動詞は複数扱いになる。

　例　新聞によれば，高校生の3分の1は眼鏡をかけている。　　　（ノートルダム清心女子大）

　　　According to the newspaper, one third of **high school students wear** glasses.

　　　➡動詞 wear は students に一致させる。

■分数の後に続く名詞が単数形の場合，動詞は単数扱いになる。

　例　地球の表面の3分の2が水でおおわれている。　　　（城西大★）

　　　Two thirds of **the surface of the Earth is** covered with water.

　　　➡動詞 is covered は Two thirds ではなく，the surface に一致させる。

Lesson 3 時制の感覚

Goal 「時制」と「時間」の混乱が英作文の間違いにつながります。それぞれの「時制」がどのような「時間」を表すかを意識して英文を書けるようになりましょう。

A 完了形と過去形:「〜した」の表し方

❶人々の働き方はここ数年で大きく変わった。

The way people work **has changed** a lot in the last few years.

[現在でも有効な場合➡完了形]

❷幼いころ,私は大阪に住んでいました。

I **lived** in Osaka when I was small. [過去の事実を述べる場合➡過去形]

❶現在完了形は現時点までその影響が残っている場合に使う。

例 だれかがここに座っていたんだ。まだ温かいもの。
　　Somebody **has been sitting** here. **It's still warm.**

❷過去形は yesterday / two years ago / when I was a child / in my teens(10代のころ) / just now(たった今)など,過去を明示する副詞とともに使う。

基本例題 1. 次の日本語に合うように空所に適語を入れなさい。

いつ駅に着いたの?

When (　　　　　) (　　　　　) (　　　　　) at the station?

B 現在形と進行形:「〜している」の表し方

❸私たちはみな彼の成功を望んでいます。

We all **hope** for his success. [習慣的行為・継続する状態➡現在形]

❹この夏の暑さで,庭の花が枯れかけている。

The flowers in the garden **are dying** in this summer heat.

[一時的行為・途中の状態➡進行形]

❸日本語の「〜している」に引っ張られて安易に進行形にしないように注意する。

❹進行形は「途中の動作・状態」を表すことが多い。

基本例題 2. 次の日本語に合うように空所に適語を入れなさい。

私たちの隣人はいつも親しくあいさつをかわしている。　　　　　　　　　　(甲南女子大)

Our neighbors (　　　　　) (　　　　　) each other in a friendly manner.

C 「〜できた」は could か

❺君は入試に合格することができた。

You **were able to** pass the entrance exam. [1回限りの「できた」]

❺1回限りの行為の達成の「〜できた」には could を使うことはできない。was [were] able to 〜 / succeeded in 〜ing / managed to 〜 / S+allowed+O+to 〜および単純過去形などで表すのがよい。

基本例題 3. 次の日本語に合うように,下線部に適語を入れて英文を完成させなさい。

一日半,何とか子供たちの面倒を見ることができた。　　　　　　　　　　(中央大★)

I _____ look after the children for a day and a half.

Basic Practice 次の日本語に合うように空所に適語を入れなさい。

1. この病院に来たのは初めてです。 （岩手医科大★）

I (   ) never (   ) this hospital before.

2. 世界中の人々が日本製品はよくできていると考えている。 （岐阜大★）

People all over the world (   ) (   ) Japanese products are good.

3. 身につけた価値観のおかげで，卒業後彼女は留学できた。 （立命館大★）

The values she adopted (   ) her (   ) (   )
(   ) after graduation.

Standard Practice 次の日本語を英語に直しなさい。

1. 貧しい生活を送る子どもの数が近年増加してきた。 （中央大☆）

Writing Tips ・「近年」in recent years
・「貧しい生活を送る」live in poverty

Model Answer _____

_____

2. 地球の未来は，私たちが環境を守れるかどうかにかかっている。 （学習院大）

Writing Tips ・「…かどうか」whether …
・「…にかかっている」➡「…次第である」

Model Answer _____

_____

3. 英語を上手に話すことはできませんでしたが，地元の人とコミュニケーションを図ることはできました。

Writing Tips ・「地元の人」local people

Model Answer _____

Advanced Practice ✒ 次の日本語を英語に直しなさい。

1. 日本人は最近，伝統的な食習慣を忘れ，深く考えもせずにそれを変えてしまった。

   Writing Tips ・「伝統的な食習慣」traditional eating habits
   ・「深く考えもせずに」without much thought

   Model Answer _____

   _____

2. 大勢の人の前でピアノを演奏するのは初めてだったのに，彼はとても落ち着いているように見えた。

   (中京大☆)

   Writing Tips ・「〜するのは初めてだった」it was the first time that＋過去完了形
   ・「落ち着いている」calm

   Model Answer _____

   _____

3. レポートを完成するのに予想以上の時間がかかったが，何とか締切りに間に合わせることができた。

   (桜美林大★)

   Writing Tips ・「締切りに間に合わせる」meet the deadline

   Model Answer _____

   _____

4. 国際的なコミュニケーション言語としての英語の重要性はフランス人も認識している。　(大分大☆)

   Writing Tips ・「国際的なコミュニケーション言語」an international language for communication

   Model Answer _____

   _____

5. 人は何のために働くのか，君は考えたことがあるでしょうか。私がこのことについて考えるように
   なったのは30歳代のころでした。 （津田塾大）

> **Writing Tips** ・「～するようになった」started to ～ / came to ～
> ・「30歳代」in my thirties

Model Answer

使える！ 英作文表現集

Collocational Phrases first time を用いた表現

■「初めて～する」S＋first＋V ～ / S＋V ～ for the first time

例 ジョンソンさんに初めて会った時，私は彼が大会社の社長にしてはかなり若いと思った。

（南山大）

When **I first met Mr. Johnson**, I thought him rather young to be the president
of a big company.

例 私は大学院生の時に初めてアメリカに来た。 （上智大☆）

I came to the United States **for the first time** as a graduate student.

■「…ぶりに」for the first time in …

例 先週末，数年ぶりにボーリングに行った。 （東邦大☆）

Last weekend I went bowling **for the first time in several years**.

Grammar Tips 「最近」を表す表現と時制

■ recently / lately / in recent years（近年）➡基本的には，現在完了形か過去形で使う。

例 彼女は最近仕事探しを始めました。

She **has recently started** her job search.

　➡ recently は現在形とともに用いないほうがよい。

■現在の習慣・状況を示す場合，lately が現在（進行）形と用いられることがある。

例 最近ルームメートとトラブルになっているんだ。 （北里大）

I'm having trouble with my roommate **lately**.

■ today / nowadays / these days ➡基本的には，現在形で使う。

例 最近，どの国でも携帯電話で国際電話をかけることができます。 （同志社大☆）

Nowadays in any country it **is** possible to make an international call with a
mobile phone.

　➡「最近の若者」という場合，today を用いて young　people　today とする。×recent
　young people などとは言わない。

Lesson 4 受動態の使いどころ

Goal 「〜される」であれば何でも英語の受動態(be- 動詞＋過去分詞)を使うことができるわけではありません。受動態を適切な場面で使うことができるようになりましょう。

A 「心理」を表す動詞の受動態

❶私は彼女の反応に驚いた。

I **was surprised at** her reaction. [驚く]

❶ surprise は「(人を)驚かせる」という意味なので, be surprised で「(人は)驚かされた」→「(人は)驚いた」となる。

●「心理」を表す受動態表現

「…に混乱する」be confused with … /「…に驚く」be surprised at … /「…に失望する」be disappointed with … /「…に興奮する[わくわくする]」be excited at [about] … /「…に満足する」be satisfied with … /「(罪悪感を感じて)…を恥じる」be ashamed of … /「(人前で)…を恥ずかしく思う」be embarrassed about … /「…にうんざりする」be tired of …

基本例題 1. 次の日本語に合うように, 下線部に適語を入れて英文を完成させなさい。

そこで眠ってしまうなんて恥ずかしいと思うべきです。 (龍谷大★)

You should ＿＿＿＿＿＿＿＿＿＿ yourself for falling asleep there.

B 「〜される」を能動態で表す

❷先生から先日読むように言われた本を君は読んだ？ (神戸学院大★)

Have you read the book our teacher **told** us to read the other day? [言われる]

❷日本語の「〜される」であっても受動態になるとは限らない。日本語に惑わされずに, 能動態か受動態かを判断することが重要である。

基本例題 2. 次の日本語に合うように空所に適語を入れなさい。

なんとすばらしい機会に恵まれているか彼はわかっている。 (実践女子大★)

He is aware of what a fine opportunity he ( ).

C 「〜する」を受動態で表す(「被害・従事」を表す表現)

❸彼は渋滞につかまった。

He **got caught** in a traffic jam. [つかまる]

❸日本語の「〜する」であっても英語では受動態で表すことがある。

●「被害・従事」を表す受動態表現

「けがをする」be injured /「(事故などで)亡くなる」be killed
「(渋滞などに)つかまる」be [get] caught /「かかわる」be involved

基本例題 3. 次の日本語に合うように, 下線部に適語を入れて英文を完成させなさい。

私たちはひどい交通渋滞にひっかかった。 (甲南女子大★)

We ＿＿＿＿＿＿＿＿＿＿ in a heavy traffic jam.

Basic Practice 次の日本語に合うように空所に適語を入れなさい。

1. 私が海外での仕事が見つかったと言った時，両親はとてもがっかりした。 （奈良大★）

   When I told (   ) (   ) I had found a job abroad, they were very (   ).

2. 私はデパートでお金を盗まれた。 （愛知工業大★）

   I (   ) my money (   ) at the department store.

3. 彼女は息子がけがをしたという知らせを聞いて驚いた。 （近畿大★）

   She was (   ) (   ) the news that her son had gotten (   ).

Standard Practice 次の日本語を英語に直しなさい。

1. 私は家に帰る途中，夕立にあってびしょ濡れになった。 （福岡工業大★）

   Writing Tips ・「家に帰る途中」on my way home
   ・「夕立(にわか雨)にあう」be caught in a shower
   ・「びしょ濡れになる」get wet to the skin / get soaked to the skin

   Model Answer _____

   _____

2. 海外で日本の文化に出くわすとき，がっかりすることが多いよ。 （鹿児島大）

   Writing Tips ・「出くわす」encounter / see

   Model Answer _____

   _____

3. 途中で交通渋滞にまきこまれたため，時間通りに到着できなかった。 （日本大★）

   Writing Tips ・「時間通りに」on time

   Model Answer _____

   _____

Advanced Practice 🖊 次の日本語を英語に直しなさい。

1. 子供のころには列車での旅行というのは心躍るものであった。　　　　　　　　（京都大☆）

   Writing Tips　・「子供のころには」in my childhood
   　　　　　　　　・「心躍る」➡「わくわくする」
   　　　　　　　　・「列車での旅行というのは」➡「列車での旅行のことを考えると」when I thought of traveling by train

   Model Answer _____

   _____

2. その日本人女性は，世界平和のための国際的な教育活動に携わってきた。

   Writing Tips　・「国際的な教育活動」international educational activities
   　　　　　　　　・「…に携わる」➡「…にかかわる」

   Model Answer _____

   _____

3. 若者こそ，古い考えにとらわれず，自分に何ができるかを自由に考える特権を持っている。

   　　　　　　　　　　　　　　　　　　　　　　　　　　　　　　（津田塾大）

   Writing Tips　・「…にとらわれず」➡「…に影響されないで」without being influenced by …
   　　　　　　　　・「〜する特権を持っている」be privileged to 〜

   Model Answer _____

   _____

4. 若者は自分自身のことには大いに関心があるが，世間からどう見られているかあまり気にとめないものだよ。　　　　　　　　　　　　　　　　　　　　　　（鹿児島大）

   Writing Tips　・「…に関心がある」be concerned about …
   　　　　　　　　・「世間」➡「他の人々」
   　　　　　　　　・「どう見られているか」➡「どう思われているか」
   　　　　　　　　・「…を気にとめる」➡「…を気にする」care about … ➡「…に注意を向ける」pay attention to …

   Model Answer _____

   _____

5. 日本では，列車内の優先席付近では携帯電話の電源を切るというマナーは，広く受け入れられている。 （青山学院大[☆]）

> **Writing Tips**　・「優先席」priority seat(s)
> ・「携帯電話の電源を切る」turn [switch] off your cell [mobile] phone
> ・「…というマナーは広く受け入れられている」➡「…はマナーとして広く受け入れられている」it is widely accepted as good manners that …

Model Answer

英作文表現集

Collocational Phrases　受動態を含む形式主語構文

■「…だとよく言われている」It is often said that … ≒ People often say that …

■「…は広く知られている」It is widely known that …

■「…だと広く信じられている」It is widely believed that …

■「…は通説である」It is widely accepted that … ≒ … is widely accepted as …

■「大方の意見が一致している」It is generally agreed that … ≒ Most people agree that …

■「…だと推定されている」It is estimated that … ≒ … is estimated to ~

■「…だと明らかになっている」It is demonstrated that … ≒ … is demonstrated to ~

■「…だということが暗示されている」It is implied that …

■「…だとうわさされている」It is rumored that … ≒ … is rumored to ~

■「新聞の報道によれば…」It is reported in the newspapers that … ≒ According to the newspapers, …

Grammar Tips　受動態を使う表現

■「言葉が通じる」one's language is spoken / make oneself understood

　例　言葉が通じないとどんなに不自由かは，自国語の通じない外国へ行ってみないとわからない。
　　　　　　　　　　　　　　　　　　　　　　　　　　　　　　　　　　　　　（東洋大）

　Before you go to a foreign country where **your language is not spoken**, you cannot realize how inconvenient it is to be unable to **make yourself understood**.

　　➡ make oneself understood は「自分の意思を伝える」の意味で, oneself と understood は受動の関係。

　　➡ make oneself understood in English は English is not spoken とは異なり，たとえ現地で英語が使われていても，自分の発音などのせいで英語が通じないことを表す。

Lesson 5 関係詞と同格の that

Goal 関係詞は形容詞節や名詞節を導き，接続詞 that は同格節を導くことができます。これらを英作文で使えるようになりましょう。

A 修飾語句としての関係詞節

❶私は会ったことのない女の子からメールをもらった。

I got an email from a girl **who [whom] I've never seen**. [関係詞節＝形容詞的働き]

❶日本語では「会ったことのない…」と前から修飾するのに対し，英語では who [whom] I've never seen が a girl を後ろから修飾する。

●関係代名詞を含む文は関係代名詞節の中から名詞を移動して作ると考えると，関係代名詞節内には名詞の欠落がある。

I got an email from a girl **who** I've never seen **her**.

● where や when などの関係副詞は，on the day などの副詞句が when に代わり，先行詞の隣に移動すると考えるとよい。

　例　私は自転車に乗れるようになった日のことを今も忘れない。

　　　I still remember the day **when I learned to ride a bicycle**.

●基本例題● 1. 次の日本語に合うように空所に適語を入れなさい。

　　　こちらが私の両親が初めてディナーを食べたレストランです。

　　　This is the (　　　　) (　　　　) (　　　　) (　　　　) had dinner together for the first time.

B 関係代名詞 what の使いみち

❷私はその店で見つけたものが気に入らなかった。

I didn't like **what I found at the store**. [～すること・もの]

❷「～すること・もの」を表す場合，関係代名詞の what を使うとよい。

●例えば，「国際情勢」international affairs をかみ砕いて「世界で起こっていること」what is happening in the world と表現する際に what を使うことができる。

●基本例題● 2. 次の日本語に合うように空所に適語を入れなさい。

　　　彼女が達成したことはとても重要だった。　　　　　　　　　　　　　　　（群馬大★）

　　　(　　　　) (　　　　) achieved (　　　　) of great importance.

C 同格節を導く接続詞 that

❸これは彼が有罪であるという明白な証拠だ。

This is positive proof **that he is guilty**. […という]

❸ proof（証拠）＝ that he is guilty（彼が有罪であるという）という同格関係が成立する。

●基本例題● 3. 次の日本語に合うように（　）内の語句を並べかえなさい。

　　　ポールはその機械が壊れていたという事実を見逃していた。　　　　　　（神戸学院大★）

　　　Paul had overlooked (that / order / was / the machine / the fact / of / out).

Basic Practice 次の日本語に合うように（　　）内の語句を並べかえなさい。

1. ニュートンはかつてないほどすぐれた科学者だと思われている。　　　　　　　　（日本大★）

   Newton is (considered / scientist / the most brilliant / to be / who ever lived).

2. 現在のメアリーは5年前とは全く違っています。　　　　　　　　　　　　　　（東京理科大★）

   Mary is now very different from (five / was / ago / she / years / what).

3. 私は学生たちが英語の学習を楽しんでいるように思われるという事実を好ましいと思っている。

   　　　　　　　　　　　　　　　　　　　　　　　　　　　　　　　　　　　　（京都女子大）

   I like the (fact / happy / my / seem / students / that) learning English.

Standard Practice 次の日本語を英語に直しなさい。

1. ここは私が2月から働いている図書館です。　　　　　　　　　　　　　　　　（学習院大）

   Writing Tips ・「2月から働いている」は現在完了進行形で表す。

   Model Answer _____

   _____

2. その試合の結果は，私たちの期待通りではありませんでした。　　　　　　　　（大阪産業大★）

   Writing Tips ・「私たちの期待通り」➡「私たちが期待したこと」

   Model Answer _____

   _____

3. 私たちは彼女が病気であるという事実を考慮に入れなければなりません。　　　　（岩手医科大）

   Writing Tips ・「…を考慮に入れる」consider ... / think about ...

   Model Answer _____

   _____

Advanced Practice 次の日本語を英語に直しなさい。

1. 近年，先端技術によって生まれた製品が私たちの生活をより快適にしてきた。　　（名古屋大★）

　　　Writing Tips ▶ ・「先端技術」advanced technology

　　Model Answer _____

　　_____

2. 人と自然がどう共生していくか，いま，ひとりひとりが考えるべき時期にきている。（京都府立大☆）

　　　Writing Tips ▶ ・「…と共生する」live in harmony with …
　　　　　　　　　　・「いま…する時期にきている」now is the time when …

　　Model Answer _____

　　_____

3. 欧米の先生方は生徒が授業で自己主張することが必要であると考えることが多い。

　　　Writing Tips ▶ ・「自己主張する」be assertive ➡「自分が考えていることをはっきりと述べる」

　　Model Answer _____

　　_____

4. 飢えや病気に苦しんでいるたくさんの人々がいるという事実を忘れてはならない。　　（鹿児島大☆）

　　　Writing Tips ▶ ・「飢え」hunger / starvation
　　　　　　　　　　・「…に苦しむ」suffer from …

　　Model Answer _____

　　_____

5. 最近の若者たちは先祖のだれも経験しなかった快適な生活を楽しんでいる。

Writing Tips ・「先祖」ancestor(s)

Model Answer _____

_____

 英作文表現集

Collocational Phrases 関係代名詞 what を含む表現

■「S について最も大切なこと，S の本質」 what S be all about

例 人が若く，日々の暮らしを立てることに忙しい時は，人生の本質を考える時間はない。

(日本大)

When people are young and busy earning their daily bread, they have no time to consider **what life is all about**.

■「S がどのようなものか」 what S be like

例 我々は皆生まれてきたのだが，それがどのようなものだったか思い出せない。　(福岡大)

We were all born, but we cannot remember **what that was like**.

Grammar Tips 同格節に先行する名詞

■同格節をよく従える名詞(名詞＋同格の that-節)

①事実・可能性：proof(証拠)，doubt(疑い)，possibility(可能性)，evidence(証拠)，fact(事実)，probability(可能性)，truth(真実)

②情報・知識：information(情報)，news(ニュース，知らせ)，rumor(うわさ)，knowledge(知識)

③考え・認識：belief(信念)，idea(考え)，opinion(意見)，thought(考え)

④提案・決意：conclusion(結論)，decision(決心)，suggestion(提案)，plan(計画)

⑤要求・期待：demand(要求)，hope(希望)，order(命令)

■同格節以外と用いる名詞

① article(記事)，letter(手紙)，story(物語)

➡ an article / a letter / a story that says ... と表現する。

② custom(社会的慣習)，experience(経験)，memory(思い出)

➡ a custom / an experience / a memory of ... と表現する。

③ tendency(傾向)

➡ tendency for ... to ～ と表現する。

Lesson **6** 論理展開を示す表現（接続詞・副詞・前置詞）

Goal 論理展開を示す「ディスコースマーカー」として用いられる接続詞，副詞，前置詞があります。自由英作文では特に大きな役割を果たすので，これらを使えるようになりましょう。

A 論理展開を示す接続詞・副詞・前置詞

❶ボブは箸を使おうとしてみたが，すぐにあきらめた。

Bob tried to use chopsticks, **but** he gave up soon. [対比関係]

❶A, but B は，A との対比により，B について強く主張したい場合に用いる。

●論理展開を示す接続詞・副詞・前置詞

[対比・対照] 「しかし」but / however
　　　　　　「…だが，…にもかかわらず」though [although] / in spite of / despite
[因果関係] 「なぜなら…，…なので」because(文中で) / since(文頭で)

●基本例題● 1. 次の日本語に合うように空所に適語を入れなさい。
　　　　　経済が成長したにもかかわらず，貧富の差はかなり広がってしまった。　　　　　　(中央大★)
　　　　　(　　　　　　) economic development, the gap between rich and poor people has widened considerably.

B 副詞は文と文をつなぐことはできない

❷私は昨日，体調がすぐれませんでしたが，学校に行きました。

I was feeling bad yesterday. **However**, I went to school. [however は副詞]

❷ but は接続詞だが，however は副詞なので文と文をつなぐことはできない。以下の語句も同様。
therefore(それゆえ)，besides(他にも)，moreover(さらに)，furthermore(さらに)，in addition(そのうえ，加えて)，on the other hand(他方では)，nevertheless(それにもかかわらず)など

●基本例題● 2. 次の日本語に合うように空所に適語を入れなさい。
　　　　　彼は優れた学者であり，その上，卓越したピアニストである。　　　　　　(中京大★)
　　　　　He is a fine scholar, (　　　　　) (　　　　　) (　　　　　), he is a skilled pianist.

C 接続詞と前置詞の区別

❸私たちが学校に着くまでには，授業はすでに始まってしまっているだろう。

The class will have already started **by the time** we arrive at school.

[接続詞相当語句＋S＋V]

❸ by(…までに)を接続詞的に使いたい場合は，by the time S＋V とする必要がある。

●使い方を誤りやすい前置詞と接続詞

前置詞と接続詞の両方で使うもの	接続詞として使うもの	前置詞として使うもの
before(…前に)，after(…後で)，until [till](…まで)，since(…以来)	by the time(…するときまでに)，while(…する一方，…する間)，though [although](…だが)	by(…までに)，during(…の間)，despite(…にもかかわらず)

●基本例題● 3. 次の日本語に合うように空所に適語を入れなさい。
　　　　　こちらの品を包装する間，少々お待ちいただけますか。　　　　　　(立命館大★)
　　　　　Could you wait a minute (　　　　　) (　　　　　) wrap this package.

Basic Practice 次の日本語に合うように（　　　）内の語句を並べかえなさい。

1. 彼らは言葉がよく通じないにもかかわらず，すぐに仲良くなった。 （日本大★）

They soon (of / language / became / in / the / friends / spite) barrier.

2. 大学を卒業するまでは，会社で働くとはどういうことなのかわかっていなかった。 （近畿大）

(from / I / the university / graduated / before), I had no idea what it would be like to work at a company.

3. 彼が昨年フランスへ行ってから，彼のことは何も聞かない。 （立命館大★）

I haven't heard anything (went / about / France / him / he / to / since) last year.

Standard Practice 次の日本語を英語に直しなさい。

1. 彼らは結婚して1ヶ月もたたないうちに喧嘩を始めた。 （愛知県立大）

Writing Tips ・「結婚して1ヶ月もたたないうちに」less than one month after they got married
・「喧嘩を始める」start fighting with each other

Model Answer _____

_____

2. その生徒たちは多くの困難に直面したが，決してあきらめようとは思わなかった。

Writing Tips ・「多くの困難に直面する」face a lot of difficulties

Model Answer _____

_____

3. 日本食はおいしくて健康的なので，最近，日本食を楽しむ外国人が増えつつある。 （愛知大）

Writing Tips ・「増えつつある」は more and more を利用して表現する。

Model Answer _____

_____

Advanced Practice

次の日本語を英語に直しなさい。なお，下線が引かれている場合は，下線部のみ英語に直しなさい。

1. 便りのないのはよい知らせだと言われる。しかし，ロンドンに住んでいる息子からときどき便りがあるのはうれしいことだ。 (愛知大)

   Writing Tips ・「…から便りがあるのはうれしい」be happy to hear from …

   Model Answer _____

2. 言語は人々が世界を見る方法に影響を与える。外国語を学習するならば，異なる考え方を学ぶことになるだろう。 (東京薬科大)

   Writing Tips ・「…に影響を与える」have an effect on …
   ・「異なる考え方」a different way of thinking

   Model Answer _____

3. 二十年ぶりの帰郷にもかかわらず，ふるさとの山や川は昔とほとんど変わっていなかった。 (津田塾大)

   Writing Tips ・「…ぶり」for the first time in …
   ・「帰郷する」come back to one's hometown
   ・「…とほとんど変わっていない」➡「…とほとんど同じ」be almost the same as …

   Model Answer _____

4. 他方，やる気があれば，外国に行かなくても外国語のテレビ番組を見たり，インターネットを使ったりして，外国語をマスターすることができる。 (岐阜大★)

   Writing Tips ・「やる気がある」be well-motivated

   Model Answer _____

5. 言葉以上におたがいを非常に親しくさせるものはありません。にもかかわらず，その言葉を共有しないとき，あるいはできないとき，言葉くらい人をはじくものもありません。（長田弘『なつかしい時間』岩波新書より一部改変） （神戸市外国語大☆）

Writing Tips ・「人をはじく」➡「人々を分断する」divide people / separate people

Model Answer

 **使える！ 英作文表現集**

Collocational Phrases 接続詞を含む表現

■「S が知らないうちに」before S knew it

例 徹夜で英語の勉強をするつもりだったんだけど，知らないうちに寝ちゃったよ。

I intended to stay up all night studying English, but I fell asleep **before I knew it**. （愛知教育大）

➡この it は I fell asleep を受ける。

■「～してもらえたらうれしい，幸いだ」I'd appreciate it if ～

例 この情報を内密にしてもらえたら幸いです。 （上智大）

I'd appreciate it if you keep this information to yourself.

➡it は if 以下を受ける。

■「…して初めて～する」It is not until … that ～

例 彼らは学校を卒業して初めて，勉強の大切さを知った。

It was not until they left school **that** they realized the importance of study.

■「S が V してから…経って」… after S+V

例 家が完成してからしばらくして，最終的な支払いが行われる。

A final payment is made **some time after** the house is completed.

Grammar Tips because の注意点

■because の節を単独で用いない。

×Lions are feared by people. Because they are dangerous.

○Lions are feared by people **because** they are dangerous. （南山大）

■Why …? の疑問文の答えとしてのみ，because の節を単独で用いることができる。

Why is she late? —— **Because** she overslept.

Lesson 7 比較・仮定法の重要表現

Goal　比較と仮定法を含む重要表現について，英作文で書けるようになりましょう。

A　the＋比較級 ..., the＋比較級 〜

❶日本史について学べば学ぶほど，それだけもっと知りたくなる。

The more you learn about Japanese history, **the more** you want to know about it.［…であればあるほど，それだけますます〜だ］

---

❶「the＋比較級 ..., the＋比較級 〜」の最初の the は「どれだけ…なのか」，後の the は「それだけ（いっそう）」という意味を表す。

●比較級全体が節の先頭に移動するので，以下の例文では the more likely を節の最初に置く。more と likely を離してしまうのは誤り。

　例　若ければ若いほど，高い確率でメッセージ送信をするのだ。（東京工業大）

　　　○ **The younger** you are, **the more likely** you are to text.

　　　× **The younger** you are, the more you are likely to text.

基本例題 1. （　　　）内の語を並べかえなさい。

　　　(harder / you / work / the), the more money he'll give you.

B　as if＋仮定法 / as if＋直説法

❷彼はまるで人気歌手であるかのように歌う。

He sings **as if** he **were** a pop star.［まるで…であるかのように］

---

❷as if の後に仮定法を使う場合は，話し手が確信をもてないか，実際はそうではないと思っていることを表す。

●as if の後に直説法を使う場合は，話し手がある程度確信をもった言い方をしていることを表す。

　例　あなたの車には新しいタイヤが必要なようだ。（桜美林大）

　　　It looks **as if** your car **needs** new tires.

基本例題 2. 次の日本語に合うように，下線部に適語を入れて英文を完成させなさい。

　　　君はまるで何でも知っているかのように話すね。　　　　　　　　　　　　　（関西学院大）

　　　You talk _____.

C　I wish＋仮定法 / I hope＋直説法

❸彼女のメールアドレスを知っていればなあ。

I wish I **knew** her email address!［…ならなあ］

---

❸仮定法は，現実にはあり得ないことや，実現する可能性がないと思う気持ちを表す。

●直説法は，現実にあり得ることや，実現可能性があると思う気持ちを表す。

　例　もう1度カナダを訪れたいなあ。

　　　I hope I **can visit** Canada again.［話し手がカナダを再訪する可能性があると思っている］

基本例題 3. 次の2つの文がほぼ同じ意味になるように，下線部に適語を入れて英文を完成させなさい。

　　　What a pity I didn't see him!　　　　　　　　　　　　　　　　　　　（中央大★）

　　　I wish I _____ him.

Basic Practice　次の日本語に合うように空所に適語を入れなさい。

1. 最近の研究成果によると，睡眠不足になればなるほど肥満になりやすい。　　（愛知工業大★）
   According to recent findings, (　　　　　) (　　　　　) you sleep, (　　　　　)
   (　　　　　) weight you gain.

2. 優子はまるで多くの映画スターたちに直接会ったような気がした。　　（埼玉医科大★）
   Yuko felt (　　　　　) (　　　　　) she (　　　　　) (　　　　　) a lot of
   film stars directly.

3. 私は大学時代にもう一つ外国語を勉強していたらよかったなあと思う。　　（関西学院大★）
   I (　　　　　) I (　　　　　) (　　　　　) (　　　　　) foreign language in
   my college days.

Standard Practice　次の日本語を英語に直しなさい。

1. 一生懸命働けば働くほど，それだけますます会社も大きくなるでしょう。　　（滋賀大）
   Writing Tips ・どの重要表現を使うかを考える。

   Model Answer _____

   _____

2. 先生はまるで海外生活が長かったような口ぶりだ。　　（長浜バイオ大★）
   Writing Tips ・「まるで…だったような口ぶりだ」➡「まるで…だったように話す」

   Model Answer _____

   _____

3. 今年の夏フランスへ旅行に行けるといいのになあ。　　（京都学園大★）
   Writing Tips ・どの重要表現を使うかを考える。

   Model Answer _____

   _____

Advanced Practice ✍ 次の日本語を英語に直しなさい。

1. 長く外国にいればいるほど，故郷からの便りがますます大切になってきます。 （名古屋大）

   Writing Tips ▸ ・「故郷からの便り」 news from one's hometown

   Model Answer _____

   _____

2. 世の中の人たちが数学を理解すればするほど社会はよくなる，というのが僕の意見です。 （大分大）

   Writing Tips ▸ ・「世の中の人たち」 people (in the world)
   ・「…というのが僕の意見です」 ➡ 「僕の意見では…」 in my opinion, … / in my view, …

   Model Answer _____

   _____

3. 私たちは，起こったことをきっちりと記憶しているかのように感じます。 （大阪府立大★）

   Writing Tips ▸ ・「きっちりと記憶している」 ➡ 「正確に覚えている」 exactly [correctly] remember

   Model Answer _____

   _____

4. より多くの日本の若者たちが，この社会的問題にもっと早くから注意を向けてくれていたらよかったのに。 （鹿児島大）

   Writing Tips ▸ ・「社会的問題」 social issue(s)
   ・「…に注意を向ける」 pay attention to …

   Model Answer _____

   _____

5. 時間がたてばたつほど，ますますまるで家族のように親しくなりました。　　　　（宮城大）

Writing Tips ・「時間がたてばたつほど」as time goes by
・「親しくなる」become familiar

Model Answer _____

_____

使える！ 英作文表現集

Collocational Phrases　仮定法・比較の重要表現

■「…がなければ」if it were not for … / if it had not been for … / but for … / without …

例　もしコーチの助言がなければ，私はその試合には勝てなかっただろう。　　　　（工学院大）

If it had not been for the coach's advice, I could not have won the game.

■「最高に…だ」could not ＋動詞＋比較級

例　試験がなければどんなに楽しいことだろう。　　　　（中部大）

If it were not for examinations, I **couldn't be happier**.

➡「これ以上には…できない」という意味から「最高に…だ」という解釈になる。「これ以上には楽しくはなれない」から「最高に楽しい」となる。

■「まったく気にしない，どうでもいい」could not care less

例　私はこの種のファッションはまったく興味がありません。　　　　（早稲田大）

I **couldn't care less** about this sort of fashion.

➡「これ以下には気にしないことができない」から「まったく気にしない」となる。

Grammar Tips　比較級を使わない比較表現

■「B より A が好きである」prefer A to B

例　サッカーはテレビで見るよりも，する方が好きです。　　　　（名城大）

I **prefer** playing soccer **to** watching it on TV.

➡ than ではなく to を用いる。

■「…の半分／倍」half of … / double ＋名詞

例　今世紀の終わりには現在使われている6,000以上の言語のうち半数が消滅すると予想されている。　　　　（関西学院大★）

It is estimated that **half of** the 6,000 plus languages spoken today will disappear by the end of this century.

例　これらの地域の一部では世界平均の2倍以上の割合で人口が増加している。　　　　（神戸学院大）

Population growth in some of these areas is more than **double** the world average.

Lesson 8　自然環境（気候・天候，資源）

Goal　気象や自然現象にまつわる表現はもちろん，環境問題に関連した表現も扱います。「にわか雨」，「熱帯雨林」，「二酸化炭素」などの特有の表現を英作文で書けるようになりましょう。

A　気候・天候

❶あの雲を見てよ！　どうも雨が降りそうだ。

Look at those clouds!　I think **it**'s going to **rain**. [天候の it]

❶「雨が降る」を英語で表す場合，×The rain falls. などとは言わず，天候の it を用い，it rains … とする。

●目の前の天気や天気予報など，確認可能な情報源に基づいて天候を表す場合は the をつけるほうが無難である。

> 例　風がドアをガタガタと鳴らした。
> **The** wind rattled the door.

> 例　雪が彼女の傘に積もりつつある。
> **The** snow is settling on her umbrella.

●気候・天候に関する表現

「大雨」a heavy rain /「小雨」a light rain /「雷雨」a thunderstorm /「梅雨（時）」the rainy season /「にわか雨」a shower /「霧」fog /「台風」a typhoon /「ハリケーン」a hurricane /「サイクロン」a cyclone /「大雪」a heavy snow /「日照り」a drought /「熱帯雨林」tropical rain forests /「温暖な気候」a mild climate /「気候風土」the climate and natural features /「寒い / 暑い / 暖かい / 厳しい / 乾燥した天気」cold / hot / warm / severe / dry weather

×a cold weather（weather は形容詞をともなっても不定冠詞 a を付けない）

基本例題　1. 次の日本語に合うように（　）内の語を並べかえなさい。

シンガポールの気候は日本の気候と大分違います。 （中京大）

The climate of Singapore (of / from / is / that / different / quite) Japan.

B　自然環境・資源

❷彼女は火星の大気が主に二酸化炭素からなっているという知識をもっている。

She has knowledge that the atmosphere of Mars mainly consists of **carbon dioxide**. [carbon dioxide は無冠詞]

❷自然環境・資源に関する表現は名詞が多く，単数形か複数形か，定冠詞 the を付けるのか付けないのかなど，名詞の使い方に注意する必要がある。

●自然環境・資源に関する表現

「環境問題」environmental problems [issues] /「環境破壊」environmental destruction /「地球温暖化」global warming /「二酸化炭素」carbon dioxide /「大気」the atmosphere /「大気汚染」air pollution /「水質汚染」water pollution /「化石燃料」fossil fuels /「産業廃棄物」industrial waste /「温室効果ガスの排出」greenhouse gas emissions /「家庭ごみ」household garbage /「天然資源」natural resources /「（環境を破壊しない）持続可能性」sustainability

基本例題　2. 次の日本語に合うように（　）内の語を並べかえなさい。

産業廃棄物を処理するときには，十分注意しなければならない。 （兵庫医科大）

We cannot be too careful (waste / disposing / in / industrial / of).

Basic Practice 次の日本語に合うように（　　）内の語句を並べかえなさい。

1. 空港での濃霧のために，3時間待つはめになってしまいました。 （京都女子大）

   I (because / ended / for / heavy / hours / of / three / up / waiting) fog at the airport.

2. 地球上の熱帯雨林は，1945年以降，半分以上減少した。 （立命館大）

   The planet (half / has / its / lost / of / over / rainforests) since 1945.

3. 化石燃料が燃やされると，大気中に二酸化炭素を放出します。 （神戸学院大★）

   When fossil fuels are burned, (into / release / the atmosphere / they / carbon dioxide).

Standard Practice 次の日本語を英語に直しなさい。

1. この冬は例年より雪がずっと少なかったと思わないか。 （滋賀大）

   Writing Tips ・「例年より」than usual
   ・「…と思わないか」Don't you think …?

   Model Answer

2. 彼らは雷雨の中を目的地にたどり着いた。 （拓殖大）

   Writing Tips ・「雷雨の中」in the thunderstorm / in the rain and lightning
   ・「目的地」destination

   Model Answer

3. この地域には大気汚染はないし，通りにごみも散らかっていない。 （東京都立大★）

   Writing Tips ・「通りにごみも散らかっていない」➡「通りにごみがない」

   Model Answer

Advanced Practice 次の日本語を英語に直しなさい。

1. 私たちは，地球は無限の資源を与えてくれるわけではないという単純な事実に向き合っている。

> **Writing Tips** ・「無限の」unlimited
> ・「～してくれるわけではない」➡「必ずしも～ない」

Model Answer

2. 地表に到達する太陽エネルギーの量は徐々に減少してきている。 (熊本大)

> **Writing Tips** ・「地表」the earth's surface
> ・「太陽エネルギー」solar energy / solar power

Model Answer

3. 地球温暖化の進行を食い止めるために，私たちはあらゆる努力をしなければならない。(釧路公立大)

> **Writing Tips** ・「進行を食い止める」➡「より悪くなるのを止める」
> ・「～するためにあらゆる努力をする」make every effort to ～

Model Answer

4. 先日はとても大きなハリケーンがアメリカを襲って，ニューオーリンズ(New Orleans)では大きな被害が出たそうだ。

(県立広島大)

> **Writing Tips** ・「(災難・不安などが)襲う」strike / hit
> ・「…では大きな被害が出る」➡「…に深刻な被害をもたらす」cause serious damage to …

Model Answer

5. アメリカ合衆国ではひどい日照りで多くの都市が水を求めて競い合っている。　　　　（筑波大）

Writing Tips ・「ひどい日照り」a serious drought
　　　　　　　　・「…を求めて競い合う」compete with each other for ...

Model Answer

英作文表現集

Collocational Phrases 　自然環境に関する基本表現

■「…に台風が近づいている」a typhoon is approaching ...

例　大型の台風がゆっくりと日本に近づいている。　　　　　　　　　　（中部大）

　　A big **typhoon is** slowly **approaching** Japan.

■「大気汚染を減らす」reduce air pollution

例　ハイブリッド車の方が生じる有害なガスは少なく，大気汚染を減らします。　（亜細亜大）

　　Hybrid cars produce fewer harmful gases and **reduce air pollution**.

■「気候変動を加速する」accelerate climate change

例　人間の活動が気候変動を加速している，と科学者たちは主張している。　（東京工科大）

　　Scientists claim that human activities are **accelerating climate change**.

Grammar Tips 　「ごみ」に関する語の用法

■「廃棄物」waste：不可算名詞の単数形か，wastes の形で使う。

例　どの工場も海に産業廃棄物を捨ててはいけない。　　　　　　　　（明海大）

　　No factory should dispose of **industrial waste** in the sea.

■「生ごみ（家庭内），普通ごみ」garbage：主にアメリカ英語で，不可算名詞の単数形で使う。

例　空き瓶，ビニール袋，魚取り網といったようなゴミがヨーロッパ中の海底で見つかりました。

　　　　　　　　　　　　　　　　　　　　　　　　　　　　　　　　（学習院大）

　　Garbage, such as bottles, plastic bags and fishing nets, has been found on the
　　seafloor around Europe.

　　➡家庭内の「紙くず」と「生ごみ」を区別する場合，trash が「紙くず」で，garbage が
　　「生ごみ」である。ごみ捨て場などに捨てられたごみは garbage と trash を区別なく用
　　いる。

■「（紙くずなど，乾燥した）ごみ」trash

例　水曜か木曜にゴミを出すのですか。　　　　　　　　　　　　　　（立教大）

　　Are we supposed to put out the **trash** on Wednesday or Thursday?

Lesson **9** 社会生活(社会問題，ニュース，交通)

Goal 私たちの生活に関するトピックのうち，やや社会的な内容のものを学びます。社会問題，ニュース，交通に関する表現を英作文で書けるようになりましょう。

A 社会(問題)

❶現代社会において，人々は実用的な技術を学ぶ必要がある。

In **a modern society**, people need to learn the practical skills. [現代社会]

❶society 単独では不可算名詞扱いがふつうだが，modern のような形容詞がつくと可算名詞扱いになる。

●社会(問題)に関する表現

「物価」prices(通例複数形) /「不況」a depression(長期的) / a recession(一時的) /「経済不況」an economic depression /「失業率」the unemployment rate /「平均寿命」the average life span /「平均余命」(the) average life expectancy /「出生率」the birthrate /「少子化」a low [declining] birthrate /「高齢化社会」an aging society /「育児休暇」childcare leave /「介護休暇」family-care leave

(基本例題) 1. 次の日本語に合うように空所に適語を入れなさい。

世界的な経済不況が日本においても失業率を押し上げた。 (福山大)

The global ( ) ( ) has pushed up the ( ) ( ) in Japan as well.

B ニュース

❷君に話したい素晴らしいニュースがあるんだ。 (東洋大)

I have some wonderful **news** to share with you. [ニュース]

❷news は単数扱いの名詞である。主語として使う場合，×the news are ... としない。

●ニュースに関する表現

「新聞記事」newspaper article(s) /「記者」reporter(s) / journalist(s) /「報道する」report /「取材をする」interview+人 / gather information about+出来事 /「全国的に」nationwide / all over Japan(日本中で)

(基本例題) 2. 次の日本語に合うように空所に適語を入れなさい。

昨日は全国的に大雨でした。 (立教大★)

There was heavy rain ( ) ( ) Japan yesterday.

C 交通

❸この通りは交通量が多い。

There is heavy **traffic** on this street. [交通]

❸ traffic は不可算名詞である。「交通量が多い」は heavy traffic と表す。

●交通に関する表現

「交通渋滞」a traffic jam(jam は可算名詞) / traffic congestion(congestion は不可算名詞) /「交通量が多い」traffic is heavy /「公共交通機関」public transportation /「交通網」the transport(ation) network [system]

(基本例題) 3. 次の日本語に合うように空所に適語を入れなさい。

道路交通に関する主要な問題は，交通渋滞と公害である。 (上智大)

The main problems associated with road transport are ( ) congestion and pollution.

Basic Practice 次の日本語に合うように（　）内の語句を並べかえなさい。

1. 日本を訪れる外国人の多くは，日本の物価は高すぎると言います。　　　　　　　（桜美林大）

   Many of the foreigners (are / Japan / prices here / coming to / say / that) too high.

2. その後の報道によれば，海上の石油火災は消えたということです。　　　　　　　（駒澤大★）

   (a / fire / later / said / report / the oil / that) on the sea was out.

3. 交通事故のために彼らは時間通りにそこに着くことができなかった。　　　　　　（東京経済大）

   The traffic accident (from / there / prevented / getting / time / them / on).

Standard Practice 次の日本語を英語に直しなさい。

1. 日本人の平均余命は世界中のどの国よりも長い。　　　　　　　　　　　　　　　（立命館大★）

   Writing Tips ・「どの…よりも〜だ」比較級＋than any other …

   Model Answer _____

   _____

2. 最新の世界のニュースとかいろんな種類の情報も集めることができますよ。　　　（愛知県立大）

   Writing Tips ・「最新の」latest
   　　　　　　　・「…とか」➡「…を含む」including … /「…のような」such as …

   Model Answer _____

   _____

3. 途中で交通渋滞がなければ，私はパーティーに間に合っていたのに。　　　　　　（福岡女子大）

   Writing Tips ・「…がなければ，〜していたのに」は仮定法過去完了で表す。
   　　　　　　　・「…に間に合う」➡「…に時間通りに到着する」arrive at … on time

   Model Answer _____

   _____

Advanced Practice 次の日本語を英語に直しなさい。

1. 優れたジャーナリストは，事件について正確に報道するのに加えて，その社会的背景も詳しく分析する。　　（中央大）

> **Writing Tips**　・「～するのに加えて，…もする」not only ～ but also … / … in addition to ～
> 　　　　　　　　　・「社会的背景を分析する」examine the social background(s)
> 　　　　　　　　　・「詳しく」in detail

Model Answer _____

_____

2. 日本は交通網が非常に発達している。だが，全国各地を見て回るならオートバイに限る。　　　（大阪府立大）

> **Writing Tips**　・「…を見て回る」➡「…を旅行して回る」travel around …
> 　　　　　　　　　・「…に限る」➡「…が一番だ」

Model Answer _____

_____

3. とても短い旅行だったので十分に観光ができなかったけれども，素晴らしい世界遺産をいくつか見ることができたよ。　　　　　　　　　　　　　　　　　　　　　　　　　　　　　　　　　　（滋賀県立大★）

> **Writing Tips**　・「とても短い旅行だったので…」it was such a short trip that …
> 　　　　　　　　　・「世界遺産」a World Heritage Site

Model Answer _____

_____

4. 特に超高齢化社会では，それまで強い立場にいた多くの人たちも周囲の助けを借りながら老年期を送ることになる。　　　　　　　　　　　　　　　　　　　　　　　　　　　　　　　　　　　（信州大）

> **Writing Tips**　・「超高齢化社会」a super-aging society
> 　　　　　　　　　・「強い立場にいた人たち」people who were in powerful positions
> 　　　　　　　　　・「老年期」one's old age

Model Answer _____

_____

5. 新聞報道によると世界の色々な国から，多くの人々がオリンピックの観戦にやって来たそうだ。

（鹿児島大）

Writing Tips ・「オリンピック」the Olympic Games

Model Answer

英作文表現集

Collocational Phrases 「…社会」の表現 / 「ニュース」の表現 / 「交通」の表現

■「現代社会」a contemporary society /「現代[近代]社会」a modern society /
「伝統的社会」a traditional society /「多文化社会」a multicultural society /
「日本社会」Japanese society /「グローバル化する社会」global society /
「車社会」an automobile society /
「格差社会」a society with a wide gap between rich and poor /
「縦社会」a hierarchical society /「学歴社会」an education-conscious society

■「ニュースを放送する」broadcast the news /「国内ニュース」domestic news /
「国際ニュース」international news /「経済ニュース」economic news /
「芸能ニュース」entertainment news /「ニュース番組」a news broadcast

■「信号」traffic light(s) / traffic signal(s) /「横断歩道」a crosswalk /
「交差点」an intersection /「歩道」a sidewalk /
「歩道橋」a pedestrian bridge

Grammar Tips 「高い」の表し方

■「金額が高い」場合は high を使い，「品物が高価な」場合は expensive を使うのがふつう。

例 マグロの値段が高い。
　○The price of tuna is **high**.
　×The price of tuna is expensive.

例 日本の物価は高すぎる。
　○Prices are too **high** in Japan.
　○Things are too **expensive** in Japan.

例 彼は給料がよい[高い]。
　○His salary is **high**.
　×His salary is expensive.

Lesson 10 日常生活（余暇，健康・医療）

Goal　私たちの生活に身近な表現を学びます。特に，余暇，健康・医療に関する表現を定着させましょう。

A　日常生活

❶日常生活の中で，我々はスマートフォンに頼ることが増えています。　　　　　　（関西医科大★）

Increasingly we rely on smartphones in **our daily lives**. [日常生活]

❶「（私たちの）日常生活」は our daily lives とするのがふつう。
●日常生活に関する表現

「近所の人」neighbor(s) /「近所」neighborhood /「家族を養う」support one's family /「所帯」household(s) /「家事をする」do (the) housework /「家計をやりくりする」manage the household /「外食する」eat out

●基本例題● 1. 次の日本語に合うように空所に適語を入れなさい。
外食は高くつくし，健康にもよくない。　　　　　　　　　　　　　　（駒澤大★）
(　　　　　　) (　　　　　　　　) is both expensive and not good for health.

B　余暇

❷外国を旅行するときはパスポートをもつ必要がある。

You need to have a passport when you **travel abroad**. [外国を旅行する]

❷「外国を旅行する」は travel abroad / travel overseas がふつう。abroad や overseas は副詞なので，× travel to abroad / travel to overseas などとしない。
●余暇に関する表現

「日帰り旅行」a day trip /「修学旅行」a school trip /「宇宙旅行」space travel /「ホテルを予約する」reserve a hotel room /「旅の醍醐味を味わう」feel the real pleasure of travel /「余暇」one's spare [free] time

●基本例題● 2. 次の日本語に合うように空所に適語を入れなさい。
宇宙旅行を楽しめる時代がすぐにやってくるでしょう。　　　　　　（関西学院大★）
The time will come soon when you can enjoy (　　　　　) (　　　　　).

C　健康・医療

❸睡眠はストレスを和らげるのによい方法です。

Sleeping is a good way to **relieve stress**. [ストレスを和らげる]

❸「ストレスを和らげる（緩和する）」は relieve [reduce] stress である。「ストレスを解消する」は get rid of [remove] stress である。
●健康・医療に関する表現

「体重が増える」put on weight /「体重が減る」lose weight /「肥満」obesity / being (very) fat /「体調がよい」be in good shape [health] /「医療」medical service(s) /「治療法」treatment(s) /「…に苦しむ」suffer from ... /「…から回復する」recover from ... /「…（の広がるの）を予防する」prevent ... (from spreading)

●基本例題● 3. 次の日本語に合うように空所に適語を入れなさい。
笑いを新しい治療法として用いようとしている医師や看護師がいる。
Some doctors and nurses are trying to use laughter as a new medical (　　　　　　).

Basic Practice 次の日本語に合うように（　　　）内の語句を並べかえなさい。

1. たいていの主婦は，家計のやりくりに苦労している。　　　　　　　　　　　　（立命館大★）

   Most housewives find (both ends / hard / it / make / meet / to).

2. どうぞこの部屋でおくつろぎください。　　　　　　　　　　　　　　　　　　　（中京大）

   Please (at / in / make / this / home / yourself) room.

3. 効果的な治療法が今にも見つかるかもしれない。　　　　　　　　　　　　　　（中央大★）

   (at / be / an effective / found / any / may / treatment) moment.

Standard Practice 次の日本語を英語に直しなさい。

1. この近所に，犬の遊ぶことができる場所がないのは，本当にかわいそうだね。　　（岡山大）

   Writing Tips ・「場所がないのは，本当にかわいそうだね」➡「場所がないので，本当にかわいそうだね」

   Model Answer _____

   _____

2. ホテルで部屋の予約をする時は，あなたの希望をはっきり言ったほうがよい。　（神戸女子大★）

   Writing Tips ・「希望をはっきり言う」make your request clearly

   Model Answer _____

   _____

3. 私は健康のために体重を減らしたかったので，六ヶ月間デザートを食べることをやめた。

   （武蔵野美術大）

   Writing Tips ・「やめる」stop ➡「あきらめる」give up

   Model Answer _____

Advanced Practice 次の日本語を英語に直しなさい。

1. 南半球を旅行していた時に，見慣れない星々が奇妙な形を夜空に描いているのを目にした。(京都大)

   Writing Tips ・「南半球」the Southern Hemisphere / the southern hemisphere
   ・「見慣れない星々」unfamiliar stars

   Model Answer _____

   _____

2. アメリカ人は余暇をスポーツで過ごすことが多い。観戦するだけでなく，自らも参加するようだ。

   (青山学院大☆)

   Writing Tips ・「余暇をスポーツで過ごす」fill one's free time with sports

   Model Answer _____

   _____

3. 観光立国とは，外国人旅行者との交流を通じて広い視野を持つ国際人が育つことであり，平和な国になることだ。(大阪薬科大)

   Writing Tips ・「観光立国」a tourism-oriented country
   ・「…と交流する」interact with …
   ・「広い視野を持つ」with broad views
   ・「国際人」cosmopolitan(s)

   Model Answer _____

   _____

4. 肥満は深刻な長期にわたる健康上の問題を引き起こしうると医師たちは警告している。(大阪医科大)

   Writing Tips ・「長期にわたる」long-term
   ・「…と警告する」warn that …

   Model Answer _____

   _____

5. 過度のストレスに陥って病気に負けることのないよう精神的な安定を保つことが大切だ。(京都大☆)

> **Writing Tips** ・「病気に負ける」 give in to disease
> ・「精神的な安定を保つ」 stay mentally healthy

Model Answer

英作文表現集

Collocational Phrases 「病気になる」や「病人」の表現

■「病気にかかる」はアメリカ英語では get sick が一般的。

例 自分が病気にかかってみてはじめて患者さんの気持がわかるようになった。

Not until I **got sick** myself did I realize how sick people feel.

■fall ill はかたい表現。become ill や get ill とも言うが，これらはイギリス英語で好まれる。

例 健康に注意しなかったので，彼女は病気になった。 (関西医科大)

Not having been careful of her health, she **fell ill**.

■get a ... disease は disease が infectious(感染性の)，genetic(遺伝的な)，heart(心臓)など，具体的な形容詞などをともなうことで，病名や病気の性質を表す。

例 遺伝子により，ある病気にかかりやすい人がいる。 (日本大)

Some people are more likely to **get certain diseases** because of their genes.

■「病人」は a sick person / sick people と表す。

例 病人の部屋はタバコを吸うところではない。 (明治大)

It is out of place to smoke in the room of **a sick person**.

Grammar Tips 「仕事・作業・課題」を表す語の用法

■work は「仕事・作業・課題」の意味では複数形にせず，単数形で用いる。 (学習院大)

例 たくさんやることがあります。

I have **a lot of work** to do.

➡ a lot of works とすると「たくさんの作品」という意味になる。

■「作業」を意味する task は可算名詞である。

例 運転手は同時に多くの作業を行う。 (神奈川大)

Drivers engage in **many tasks** at the same time.

■job は「職業・雇用」を意味することもある。

例 ジュンコは，航空運航便が削減されたら，多くの職が失われると考えている。 (東北大)

Junko thinks that **a lot of jobs** will be lost if the number of flights is decreased.

Lesson 11 文化(言語，学校教育，異文化)

Goal 「子供の言語獲得」，「外国語教育」，「異文化理解」といったテーマが英作文では頻出しています。こうした内容などを表現できるようになりましょう。

A 言語

❶英語は第二言語として多くの国で話されている。

English is spoken as **a second language** in many countries. [第二言語]

❶「第二言語としての英語」English as a Second Language(ESL)は，母語(native language / native tongue)に加えて，後から学習して習得する英語を指す。「外国語としての英語」English as a Foreign Language (EFL)は，日本のように日常的に英語を使わない環境で英語学習を行うことを意味する。

●言語に関する表現

「英語圏(の国々)」English-speaking country(-ies) /「英語力[英語の技能]」one's English skills /「語学力」a knowledge of a language /「語学教育」language education /「多言語の」multilingual

●基本例題● 1. 次の日本語に合うように空所に適語を入れなさい。

私は，自分の英語の技能を生かせる仕事に就きたい。 (東京経済大★)

I want to get a job where I can use my (　　　　　) (　　　　　).

B 学校教育

❷ソフィアは成績がよかったので，大学進学への奨学金を得た。

Having good scores, Sophia got **a scholarship** to college. [成績がよい，奨学金]

❷「成績がよい」は have good scores,「奨学金」は a scholarship と表現する。

●学校教育に関する表現

「小学校」elementary school(s) /「教材」teaching material(s) /「義務教育」compulsory education /「教育制度」education system /「学期」term(s) /「担任の先生」homeroom teacher(s) /「学歴」educational background(s)

●基本例題● 2. 次の日本語に合うように空所に適語を入れなさい。

奨学金に応募し，受諾された。

I applied (　　　　　) a (　　　　　), and my application was accepted.

C 異文化

❸海外にいる日本人の中には，まるで日本にいるようにふるまう人もいる。

Some Japanese people in foreign countries behave **as if they were in Japan**.

[まるで日本にいるように]

❸ as if they were in Japan は仮定法過去。「(実際には日本にいないが)まるで日本にいるように」という意味。

●異文化に関する表現

「異文化」different culture(s) /「異文化コミュニケーション」cross-cultural communication /「多文化の」multicultural /「国際化」internationalization /「グローバル化」globalization /「アイデンティティー」identity

●基本例題● 3. 次の日本語に合うように空所に適語を入れなさい。

友人はイングランドで愉快な時を過ごし，異文化体験を楽しんだ。 (成城大★)

My friend had a nice time in England and enjoyed experiencing a (　　　　　)
(　　　　　).

Basic Practice 次の日本語に合うように( )内の語句を並べかえなさい。

1. 言語は人が獲得するもっとも複雑な知識体系の一つである。 (北里大★)

Language is one of (systems / the most / knowledge / complex) that a human being ever acquires.

2. あなたはどうしてこの大学を受験する気になったのですか。 (川崎医療福祉大★)

What (decide / apply / made / to / you / to) this university?

3. ある小学校では異文化交流をすすめようと，英会話を始めた。 (愛知工業大)

An elementary school has started (English conversation / teaching / in order to / cross-cultural / promote / exchanges).

Standard Practice 次の日本語を英語に直しなさい。

1. 英語圏に住まなくても，英語を上達させることは可能です。 (龍谷大★)

Writing Tips ・「上達させる」improve

Model Answer _____

_____

2. 日本における英語教育は質より量を重んじるべきだと考える専門家もいる。

Writing Tips ・「質より量を重んじる」put more focus on quantity than quality

Model Answer _____

_____

3. もしあなたが他の文化を理解しようとしなければ，あなたとは別の方法で世界を理解している人とコミュニケーションをとることは難しいでしょう。 (京都外国語大)

Writing Tips ・「(…とは)別の方法で」differently (from …) / in a different way (from …)

Model Answer _____

_____

Advanced Practice ✍ 次の日本語を英語に直しなさい。

1. 第二言語を習得することが脳の力を高めるという諸研究があるので，私の子どもにも外国語を習わせたい。　　　　　　　　　　　　　　　　　　　　　　　　　　　（中央大）

> **Writing Tips** ・「脳の力を高める」increase one's brain power
> ・「諸…」some ... / various ...

Model Answer
_____

2. 現実には，海外経験は英語学習にプラスにはなるけれど，留学さえすれば問題は解決，というようなものではない。　　　　　　　　　　　　　　　　　　　　　　　（京都教育大☆）

> **Writing Tips** ・「…にプラスになる」be an advantage to ...
> ・「～さえすれば」if only ～
> ・「問題は解決」➡「すべてがうまくいく」everything will be fine

Model Answer
_____

3. 文字のある言語のほうがない言語より優れているなどと考えるのは，とんでもない思い上がりだろう。　　　　　　　　　　　　　　　　　　　　　　　　　　　　　（京都大☆）

> **Writing Tips** ・「文字のある言語」languages with letters
> ・「…と考えるのは，とんでもない思い上がりである」➡「…と考えるのは，まったくごう慢な考えだ」

Model Answer
_____

4. 外国に住む時は，どんなに難しくても，その国の文化に適応するよう，常に最善をつくすべきである。　　　　　　　　　　　　　　　　　　　　　　　　　　　　　（愛知大）

> **Writing Tips** ・「どんなに難しくても」however hard it is
> ・「…に適応する」adjust to ...

Model Answer
_____

5. 他国において，日本人の中には自分の基準を守ろうとする人もいれば，どうにか「郷に従おう」とする人もいる。

> **Writing Tips** ・*cf.*「郷に入っては郷に従え。」When in Rome, do as the Romans do.

Model Answer

英作文表現集

Collocational Phrases 学校教育に関する表現

■「研究を行う」conduct research / carry out research

> 例 言語学者は言語の仕組みについての研究を行う。 （津田塾大）
>
> Linguists **carry out research** into language systems.

■「テストを受ける」take an exam

> 例 彼女は音楽理論のテストを受けなければならなかった。 （明治大）
>
> She had to **take an exam** on music theory.

■「(学校・課程)に進む」enroll in …

> 例 多くの学生が学校や大学に入るためにアメリカに渡航してくる。 （大妻女子大）
>
> Many students travel to the United States to **enroll in a school or a college**.

■「論文を書く」write an essay / write a thesis / write a paper

> 例 論文を書くときは，英英辞典が手元にあったほうがよいでしょう。 （京都女子大）
>
> It would be better for you to have your English-English dictionary in hand when you **write an essay**.

Grammar Tips 基本動詞 do の用法

■「最善を尽くす」do one's best

> 例 彼らが言わんとすることを理解しようと最善を尽くしなさい。 （佐賀大）
>
> **Do your best** to understand what they are trying to say.

■「害を及ぼす」do damage

> 例 雨の降りすぎは作物に害を及ぼす。 （慶應義塾大）
>
> Too much rain can **do damage** to crops.

■「…のために尽くす，…に恩恵を施す」do … a favor

> 例 お願いをしてもよいですか。 （中央大）
>
> Will you **do me a favor**?

Lesson 12 科学技術（エネルギー，情報技術）

Goal　「科学技術」のテーマは時代を大いに反映し，エネルギー問題から IT 関連に至るまで，次々と新しい表現が導入されています。そうした最新の表現を使って書けるようになりましょう。

A　科学技術・エネルギー

❶科学者は常に，彼らが真実だと思っていることを疑うべきだ。

Scientists should always doubt what they think is true. [科学者]

❶科学技術のトピックでは，新しい技術が導入されると新しい言葉を使う。以下のような「代替エネルギー」などのテーマが増えている。

●科学技術・エネルギーに関する表現

「自動車産業」the automobile industry /「電気自動車」electric vehicle(s) / electric car(s) /「代替エネルギー」alternative energy(-ies) /「太陽熱[太陽エネルギー]」solar power [solar energy] /「風力[風力エネルギー]」wind power [wind energy] /「クローン技術」cloning technology /「化石燃料」fossil fuel(s) /「発電」power generation /「発電所」power plant(s) /「科学技術の発展[進歩]」technological advance(s) [progress]

（基本例題）1. 次の日本語に合うように（　）内の語句を並べかえなさい。

私たちは太陽熱や風力を化石燃料に代わるクリーンなエネルギーと見ている。　　　（桜美林大）

We see solar and wind power (clean / fossil fuels / to / as / alternatives).

B　情報技術

❷インターネットを使えば必要な情報を瞬時に探せる。　　　　　　　　　　　　　（東洋大）

The Internet enables us to find necessary information immediately. [インターネット]

❸彼女は今スマートフォンでメールを書いているところだ。

She is writing an email **on her smartphone** now. [スマートフォンで～する]

❷「インターネット」を英語で表現する場合，the Internet のように the を付けて i を大文字にするのが原則。

❸「スマートフォンで～する」は～ on one's smartphone で表す。with one's smartphone も可能。

●情報技術に関する表現

「インターネットでウェブサイトを閲覧する」browse websites on the Internet /「ネットサーフィンをする」surf the Internet /「ウェブサイトにアクセスする」access a website /「ネットショッピング」online shopping /「ソーシャルネットワーキングサービス」a social networking service / an SNS /「情報化社会」an information-oriented society /「電子機器」electronic equipment / electronic instrument(s) /「電子端末」electronic device(s) / electronic gadget(s) /「電子マネー」e-money / electronic money /「電子書籍」e-book(s) / electronic book(s) /「アプリケーション[アプリ]」application(s) / app(s) /「ネット依存」Internet addiction

例　ますます多くの女性の消費者が，オンラインで買い物をしている。（龍谷大★）

More and more female consumers are doing their shopping online.

（基本例題）2. 次の日本語に合うように（　）内の語句を並べかえなさい。

インターネットのおかげで私たちは多くの情報を簡単に手に入れることができる。　（京都学園大）

The Internet (to get / easy / for us / it / makes) a lot of information.

Basic Practice 次の日本語に合うように（　　）内の語句を並べかえなさい。

1. 自動車メーカーは顧客の要求を満たすために，電気自動車の開発に取り組んでいる。　　（北里大★）

   Automakers are (electric / of / on / the development / vehicles / working) in order to meet customer demand.

2. 親はしっかり分別を働かせて，子供のインターネット利用を監督しないといけない。　　（駒澤大）

   Parents should (good / use / judgment / supervising / in) their children's Internet use.

3. 人々がソーシャルネットワーキングサービスに参加する理由については，対立する説がある。

   （立命館大）

   There are (as / conflicting / join / people / theories / to / why) a social networking service.

Standard Practice 次の日本語を英語に直しなさい。

1. クローン技術のおかげで，科学者たちは近い将来，恐竜(dinosaur)さえも復活させることができるだろう。　　（筑波大☆）

   Writing Tips ・「復活させる」revive

   Model Answer _____

   _____

2. テクノロジーは人間の生活を便利で快適なものにしてきた。　　（岩手大☆）

   Writing Tips ・「SはOをCにする」S＋make＋O＋C

   Model Answer _____

   _____

3. 近頃，たいていの若者はコミュニケーションや情報をスマホに頼っている。　　（愛知大）

   Writing Tips ・「AをBに頼る」depend on B for A

   Model Answer _____

   _____

Advanced Practice 次の日本語を英語に直しなさい。

1. Thomas Edison は，130年以上前に実用的な電球を発明したとき，何千回にもおよぶ実験を行った。
（青山学院大）

   Writing Tips ・「電球」 light bulb(s)
   ・「実験を行う」 do [perform / conduct / carry out] an experiment

   Model Answer _____

   _____

2. 書物や新聞などから，ラジオ，テレビ，そしてインターネット，携帯電話へと，私たちが情報を得る手段は近年急速に多様化してきました。
（大阪薬科大）

   Writing Tips ・「A や B などから，C，D，そして E，F」 from A and B to C and D, and then to E and F
   ・「多様化する」 diversify ➡ 「変化している」 change

   Model Answer _____

   _____

3. 最近，スマートフォンの画面を見ながら通りを歩いたり，階段を上り下りする若者を見かける。
（島根大）

   Writing Tips ・「スマートフォンの画面」 smartphone screen(s)
   ・「階段を上り下りする」 go up and down stairs

   Model Answer _____

   _____

4. 友達と一緒にいるときは，スマートフォンで頻繁にメールをチェックすることによって友達の気分を害することがないように気をつけましょう。
（中央大）

   Writing Tips ・「…の気分を害する」 hurt one's feelings
   ・「～しないように気をつける」 be careful not to ～

   Model Answer _____

   _____

5. うわさや無責任な発言や誤りの情報が多いことで，インターネットは批判されることがある。

> **Writing Tips** ・「無責任な発言」irresponsible opinion(s)
> 　　　　　　・「…のことで批判される」be criticized for ...

Model Answer _____

_____

 ## 英作文表現集

Collocational Phrases 機器に関する表現

■「音楽機器（イヤフォンやスピーカーなど）」musical devices
　　➡ device(s) は電気で動く機器を表す。
■「外科用具」surgical instruments /「楽器」musical instruments
　　➡ instrument(s) は使うのに特定の技術を要する器具・機器を表す。
■「事務用品」office equipment /「スポーツ用品」sports equipment /
「台所用品」kitchen equipment /「キャンプ用品」camping equipment
　　➡ equipment は「装置・機器」を表す一般的な語である。

Grammar Tips （情報通信）機器を表す名詞の用法

■communication の複数形の communications は「通信技術，通信機関」の意味になる。
　例　通信機器
　　communication(s) devices
■e-mail は現在では可算名詞扱いも可能。
　例　上司はいつでも私にメールを送ることができ，私は返信しなければなりません。　（東洋大）
　　My boss can send **e-mails** to me anytime and I have to reply.
　　➡かつては e-mail messages としたが，今では e-mails という表現も一般的。
■equipment は不可算名詞なので複数形にしない。
　例　航海用［航行用］機器
　　navigation equipment（×navigation equipments）

Lesson **13** 論説文の一部を英訳する①

> **Goal** 論説文の一部を英訳する場合には，その論説文の文脈を正確に理解し，日本語が表す意図をくみ取る必要があります。その方法を理解し，英訳の際に役立てることができるようになりましょう。

A 日本語が表す意図をくみ取る①（はじめに）

日本語で表されていることを的確に英語に直すには，直訳式の英語を避け，日本語の意図をくみ取って英語にすることが大切である。

日本語 ――――――――――×――――――→ 英語

　　　　　直訳は不自然になることが多い。

日本語 ――――→ 意図 〇 ――――→ 英語

　　　　　日本語が意図することをくみ取る。

例 「イタリアといえばトマト」という印象が一般にはある。（京都大☆）

　×　a. The impression, "Italy is a tomato," is general.

　〇　b. Generally, people think that <u>Italy is famous for tomatoes</u>.

　a. は「イタリアといえばトマト」の部分をほぼそのまま直訳している。これでは英文として意味が伝わらない。無理に " " （引用符）を使わず，b. のように「イタリアはトマトで有名だ」という<u>意図をくみ取って英語に直すほうがよい</u>。

　なお，「イタリアといえばトマト」の部分を「イタリアと聞くと，トマトを思い出す」や「イタリアでトマトが思い浮かぶ」として，以下のように表すこともできる。

　〇　c. When we hear the word "Italy," we often remember tomatoes.

　〇　d. Italy reminds us of tomatoes.

B 日本語が表す意図をくみ取る②（「覚える英語」と「伝える英語」）

定型表現などは正確に「覚える」ことが必要である。しかし，覚えていなくても，日本語の意図をくみ取って，別の表現で「伝える」ことも重要である。

例 生地がしっかり膨らむまで待たなくてはならない。（京都大☆）

　a. We have to wait until <u>the dough rises completely</u>.

　b. We have to wait until <u>the bread rises well [the bread is ready]</u>. ［伝える英語］

　a. の dough は「（パン）生地」のことであるが，使いこなすためには正確に覚えていなくてはならないため，負担が大きい。

　一方，b. は「伝える英語」で表現したもので，日本語の意図をくみ取って「生地」とは「パンそのもの」のことなので bread を使って表現している。英作文では，「覚える英語」が使えなくても「伝える英語」で具体的に表現するように心がける。

Practice 下線部の日本語を英語に直しなさい。

1. 言語は，人間にのみ備わった能力である。何か考えごとをするときに，私たちは常に言葉を使っている。①言葉はあまりに身近にあるので，その存在を忘れてしまうことさえある。②しかし，病や事故などで言葉に不自由を感じるようになって，初めてその存在の大きさに気づくことがあるだろう。

（酒井邦嘉『言語の脳科学』中公新書）　　　　　　　　　　　　　　　　　　（大阪大）

①言葉はあまりに身近にあるので，その存在を忘れてしまうことさえある。

　　Writing Tips ・「あまりに…なので～」so ... that ～

Model Answer _____

_____

②しかし，病や事故などで言葉に不自由を感じるようになって，初めてその存在の大きさに気づくことがあるだろう。

　　Writing Tips ・「言葉に不自由を感じる」➡「言葉を使うのに苦労する」

Model Answer _____

_____

 英作文表現集

Collocational Phrases 「覚える英語」と「伝える英語」の表現例

■「視野を広げる」broaden one's horizons（覚える英語）
　　　　　　　try to know a lot more things（伝える英語）

■「視野が狭い」be narrow-minded（覚える英語）
　　　　　　　be unwilling to [do not want to] listen to new ideas（伝える英語）

■「仕方がない」It cannot be helped.（覚える英語）
　　　　　　　There is nothing I can do (for you).（伝える英語）

■「試練」trials（覚える英語）
　　　　　　　things that are hard for you（伝える英語）

■「信念」belief(s)（覚える英語）
　　　　　　　what we believe（伝える英語）

2. 生きてゆくためにはまず若干の自信を持たなくてはならぬ。①しかし自信ばかりで押し切っては，やがていつかは他人を害する立場に立つ。②自分たちは，いつも自分たちの信念がある程度までまゆつばものだということを悟り，③かくて初めて寛容の態度を養うことができる。自信と疑問，独断主義と懐疑主義との二刀流によって，われわれは世界と渡り合うことにしたい。(鶴見俊輔『アメリカ哲学』こぶし書房)　　　　　　　　　　　　　　　　　　　　　　(東京大)

①しかし自信ばかりで押し切っては，やがていつかは他人を害する立場に立つ。

Writing Tips ・「自信ばかりで押し切って」
➡「自分の自信に基づいて強引に行動をする」act forcefully on one's own confidence

Model Answer _____

_____

②自分たちは，いつも自分たちの信念がある程度までまゆつばものだということを悟り，

Writing Tips ・「…がまゆつばものだ」➡「…について疑う」be skeptical about …

Model Answer _____

_____

③かくて初めて寛容の態度を養うことができる。

Writing Tips ・「かくて初めて」➡「こうして初めて」
・「態度を養う」develop an attitude

Model Answer _____

_____

3. ①外国に住んでみると，「人間，皆同じ」との感想を持つ。②イギリス人と付き合ってみても確かに
そう思えてくる。③彼らが悲しみや喜びに反応する様や相手の立場を考える点はいかにも日本人に似
ている。④恥ずかしがり屋で，すぐには友人にはなれないが，いったん友人になれば驚くほどお互い
に心の琴線にふれ合うことができる。 (京都大)

①外国に住んでみると，「人間，皆同じ」との感想を持つ。

　　Writing Tips ・「人間，皆同じ」➡「互いに違いはない」

Model Answer _____

_____

②イギリス人と付き合ってみても確かにそう思えてくる。

　　Writing Tips ・「…と付き合う」interact with ...

Model Answer _____

_____

③彼らが悲しみや喜びに反応する様や相手の立場を考える点はいかにも日本人に似ている。

　　Writing Tips ・「相手の立場」other people's situations

Model Answer _____

_____

④恥ずかしがり屋で，すぐには友人にはなれないが，いったん友人になれば驚くほどお互いに心の琴線
にふれ合うことができる。

　　Writing Tips ・「お互いに心の琴線にふれ合う」➡「お互いに共感する」

Model Answer _____

_____

Lesson 14 論説文の一部を英訳する②

Goal 論説文には，日本語独特の表現や言い回しが含まれる場合があります。それらを適切に英訳できるようになりましょう。

A　日本語が表す意図をくみ取る③（日本語独特の表現を英訳する）

日本語独特の表現を直訳的に英語に直してもうまくいかない場合が多い。そうした表現の英訳方法を見ていこう。

①「腕を鳴らす」「輪の中心」「華やぐ」

例　実際，おいしいものを作って喜ばせてあげようと腕を鳴らす人が輪の中心にいると，その集団は華やぐ。（名古屋大）

In fact, if someone is eager to serve delicious food as a leader of the group in order to entertain the people there, the group will be as happy as can be.

➡ 「腕を鳴らす」は「熱心に～する」と発想し，be eager to ～を使うのがよい。

➡ 「輪の中心」は「その集団のリーダー」と発想するのがよい。また，as the center of the group も可能。center には「中心的人物」という意味がある。

➡ 「華やぐ」は become cheerful / brighten up であるが，これらを知らなくとも「伝える英語」で be as happy as can be（可能な限り幸せだ）などと表現できる。

②「秘境」「波が押し寄せる」

例　そんな秘境にも今，観光や開発の波が押し寄せている。（岡山大）

A lot of tourism and development are now coming into such unexplored regions.

➡ 「秘境」は「まだ人が入っていない地域」と発想し，unexplored region(s) がよい。

➡ 「観光や開発の波が押し寄せる」は「たくさんの観光や開発が入り込んできている」と考えるとよい。

③「世の中」

例　宇宙分野だけではなく世の中には，本当に素晴らしいものがたくさんあります。（九州大）

You can find a lot of wonderful things not only in the field of space science but also in our world.

➡ 「世の中」は the world / our world / today's world で表現することができる。「世間」も world で表すことができる。「世間一般」は the world in general と表す。

④「昔はよかった」「昔を懐かしむ」

例　「昔はよかったのに」といつまでも悔んだり，懐かしんで過ごすことになります。（大阪大）

You will always have regrets or think too fondly of the past while thinking, "I miss the good old days."

➡ 「昔はよかったのに」は I miss the good old days と表す。

➡ 「…を懐かしむ」は think (too) fondly of... が使いやすい表現。「懐かしい思い出」は fond memories と表現する。

Practice ✐ 下線部の日本語を英語に直しなさい。

1. ①科学者さんたちもなかなかイキなことをする。そんな思いがわいた。火星と木星の軌道のあいだに
うかぶ小さな天体がフレディマーキュリーと名づけられた，とのニュースを目にしたときだ。②<u>史</u>
<u>上最高ともたたえられるロック歌手にちなんでいるのは，いうまでもない。</u>英国のロックバンド，
クイーンのフレディ・マーキュリーが亡くなったのは1991年。その年に，くだんの小惑星は発見さ
れていた。③<u>国際天文学連合という学術団体が命名を発表したのは，生きていれば70歳になるとい</u>
<u>う誕生日だった。</u>④<u>そんなタイミングで，かつて歌ったそのままに「空をかける流星」となったわ</u>
<u>けだ。</u>（日本経済新聞「春秋」2016年9月8日）　　　　　　　　　　　　　　　　　（兵庫医科大）

①科学者さんたちもなかなかイキなことをする。そんな思いがわいた。
> **Writing Tips**・「イキ(粋)なことをする」➡「すぐれたことをする」

Model Answer _____

_____

②史上最高ともたたえられるロック歌手にちなんでいるのは，いうまでもない。
> **Writing Tips**・「史上最高」➡「全時代で[史上]最もすぐれた」

Model Answer _____

_____

③国際天文学連合という学術団体が命名を発表したのは，生きていれば70歳になるという誕生日だっ
た。
> **Writing Tips**・「国際天文学連合」the International Astronomical Union
> ・「…というA」➡「…と呼ばれるA」

Model Answer _____

_____

④そんなタイミングで，かつて歌ったそのままに「空をかける流星」となったわけだ。
> **Writing Tips**・「空をかける流星」は英国のバンド Queen の *Don't Stop Me Now* の歌詞。"a shooting star leaping
> through the sky" と歌われる。

Model Answer _____

_____

2. ①一言でいえば，自分という弱くて小さな存在を，世界という途方もなく大きいものにしなやかにつなぐ方法を探すのが，この本の目的である。そもそも本来はすべてのテクノロジーが，世界と自分をつなぐためにスタートしたはずである。リスボン大地震(1755年)以降の近代テクノロジーは，その目標達成のために，「大きなシステム」を組み上げようとした。

［中略］

20世紀前半の世界は，システムを大きくすることに血眼になっていた。②しかし，20世紀後半以降，「大きなシステム」「大きな建築」が人間を少しも幸せにしないということに，人々は少しずつ気づきはじめた。「大きなシステム」「大きな建築」は，人間を世界とつなぐどころか，むしろ人間と世界の間に割って入って，人間と世界とを切断し，人間をそのシステムの中に閉じ込めるということに，人々は気づきはじめたのである。(隈研吾『小さな建築』岩波新書)　　　　　　　(東北大)

①一言でいえば，自分という弱くて小さな存在を，世界という途方もなく大きいものにしなやかにつなぐ方法を探すのが，この本の目的である。

　　Writing Tips・「この本の目的は，…を探すことだ」を文の骨組みにする。

Model Answer

②しかし，20世紀後半以降，「大きなシステム」「大きな建築」が人間を少しも幸せにしないということに，人々は少しずつ気づきはじめた。

　　Writing Tips・「…以降，～に気づきはじめた」とあるので現在完了形を使う。

Model Answer

3. ①生兵法は大怪我のもとというが，現代のように個人が簡単に発信できる時代には，とくに注意しなければならない。②聞きかじった知識を，さも自分で考えたかのように披露すると，後で必ず痛い目にあう。③専門家とて油断は禁物，専門外では素人であることを忘れがちだ。④さまざまな情報がすぐに手に入る世の中だからこそ，確かな知識を身に付けることの重要性を見直すことが大切である。

（京都大）

①生兵法は大怪我のもとというが，現代のように個人が簡単に発信できる時代には，とくに注意しなければならない。

> **Writing Tips** ・「生兵法は大怪我のもと」は「覚える英語」を知らなければ，この文章の文脈を考え，次の②の内容を参考にする。

Model Answer _____

_____

②聞きかじった知識を，さも自分で考えたかのように披露すると，後で必ず痛い目にあう。

> **Writing Tips** ・「聞きかじった知識」➡「完全には理解していない知識」➡「表面的な知識」

Model Answer _____

_____

③専門家とて油断は禁物，専門外では素人であることを忘れがちだ。

> **Writing Tips** ・「専門外で」 outside one's field

Model Answer _____

_____

④さまざまな情報がすぐに手に入る世の中だからこそ，確かな知識を身に付けることの重要性を見直すことが大切である。

> **Writing Tips** ・「見直す」 reconsider / review

Model Answer _____

_____

Lesson 15 会話や物語文の一部を英訳する

Goal 会話や物語文には，日本語独特の口語的な表現が含まれる場合があります。それを適切に英訳できるようになりましょう。

A 日本語が表す意図をくみ取る④（日本語の口語的な表現を英訳する）

会話や物語文で使われる口語的な日本語の言い回しについても，直訳的に英語に直してもうまくいかない場合が多い。そうした表現の英訳方法を見ていこう。

① 「おめでとうございます」の表現方法

例 受賞おめでとうございます。（京都大）

×I celebrate you for winning the award.

○<u>Congratulations on</u> winning the award.

➡ 会話では Congratulations on ... がふつう。celebrate は celebrate your birthday などとは言うが，×celebrate you などと「人」を目的語にはしない。

② 「～しなきゃよかった」は should have＋過去分詞で表す。

例 見なきゃよかった！（京都教育大）

△I regret watching it!

○I <u>shouldn't have watched</u> it!

➡ regret は「悲しみに暮れるほど後悔する」という意味なので，会話調の「～しなきゃよかった」に使うとやや大げさに響く。

③ カタカナ語はそのまま英語にできない場合が多い。

例 日本食にも<u>チャレンジ</u>してもらうつもりだよ。（滋賀大）

×I want you to challenge Japanese food, too.

○I want you to <u>try</u> some Japanese food, too.

➡ challenge は「(考え・意見などに)異議を唱える」などの意味。

④ 「思う」でも I think とは限らない。

例 実は，僕らがずぶ濡れにならないかなあって少し思っちゃったけどね。（岡山大）

△Actually, I just thought we would get soaked.

○Actually, I <u>was just afraid</u> we would get soaked.

➡ ネガティブな内容について「おそらく…だと思う」は think よりも be afraid のほうがよい。

⑤ 定型表現に頼り過ぎず，S＋V＋O でシンプルに表現する。

例 夢というものは，見るのが当然なのだそうだ。（島根大☆）

星新一著「重なった情景」（角川文庫刊『ごたごた気流』所収）より部分掲載

×It seems that you should take it for granted that you see dreams.

○Some people say <u>you should have dreams</u>.

➡ 「…は当然だ」は，会話文では should を使うと伝わりやすい場合がある。

Practice✎ 下線部の日本語を英語に直しなさい。

1. *MARY:* Ken! Ken!

   KEN: Hi, Mary. How are you?

   MARY: Hi. I'm fine. How are you?

   KEN: Good.

   MARY: Listen, ①<u>こんなことをどう言えばいいのかわからないのだけれど</u>, but, um … has my dog been digging up your backyard?

   KEN: I … don't think so. I haven't noticed.

   MARY: Well, I sure hope he hasn't; I saw him in your yard yesterday, and ….

   KEN: Oh, that's all right. ②<u>僕は，君の犬が庭を走りぬけたって気にならないよ。</u> Anyway, since there is no place for dogs to play in this neighborhood, I feel really sorry for them.

   MARY: Oh, ③<u>確かにそうだけど，それでもそんなこと言い訳にならないわ。</u> I'll try and keep him on a leash so he doesn't bother you ….　　　　　　　　（岡山大★）

①こんなことをどう言えばいいのかわからないのだけれど，

　　Writing Tips▶・会話なので don't などの短縮形を用いる。

Model Answer _____

_____

②僕は，君の犬が庭を走りぬけたって気にならないよ。

　　Writing Tips▶・「気にならない」 not mind

Model Answer _____

_____

③確かにそうだけど，それでもそんなこと言い訳にならないわ。

　　Writing Tips▶・「確かにそうだけど，…」 That's true, but …

Model Answer _____

_____

2. 花子：①昨日の夕刊見た？　絶滅の危機に瀕していたトキの雛が孵(かえ)ったと書いてあったわ。

太郎：②飼育係の人はさぞかし大変だったろうね。

花子：③でも，この雛は自然に戻されたトキから生まれたのよ。

太郎：④トキが住みやすい環境，つまり，きれいな水や空気があり，珍しい鳥だからと追いかけ回されたりしない場所というのは，僕たち人間にとっても居心地のよいものなのかもしれないね。

(京都大)

①昨日の夕刊見た？　絶滅の危機に瀕していたトキの雛が孵ったと書いてあったわ。

> **Writing Tips** ・「トキ」 *toki* (birds) / the *toki*
> ・「孵る」 hatch

Model Answer

②飼育係の人はさぞかし大変だったろうね。

> **Writing Tips** ・「大変だった」 ➡ 「大いに努力した」「非常に熱心に努めた」

Model Answer

③でも，この雛は自然に戻されたトキから生まれたのよ。

> **Writing Tips** ・「…から生まれる」 be born from …

Model Answer

④トキが住みやすい環境，つまり，きれいな水や空気があり，珍しい鳥だからと追いかけ回されたりしない場所というのは，僕たち人間にとっても居心地のよいものなのかもしれないね。

> **Writing Tips** ・「トキが住みやすい環境，つまり，…場所というのは」を主語にせずに，英文を組み立てる。

Model Answer

3. 甲村記念図書館の堂々とした門の手前には，清楚なかたちをした梅の木が二本生えている。門を入ると曲がりくねった砂利道がつづき，庭の樹木は美しく手を入れられて，落ち葉ひとつない。松と木蓮，山吹。ツツジ。植え込みのあいだに大きな古い灯篭がいくつかあり，小さな池も見える。①やがて玄関に着く。とても凝ったつくりの玄関だ。②僕は開いた戸の前に立ちどまり，中に入ろうかどうしようか少しのあいだ迷う。③それは僕の知っているどんな図書館とも違っている。でもわざわざ訪ねて来たのだから，やはり入らないわけにはいかない。玄関を入ってすぐのところにカウンターがあり，そこに座っていた青年が荷物を預かってくれる。僕はリュックをおろし，サングラスをとり帽子をとる。（村上春樹『海辺のカフカ』新潮社）　　　　　　　　　　　　　　　　（北九州市立大）

①やがて玄関に着く。とても凝ったつくりの玄関だ。

Writing Tips・「凝ったつくり」➡「美しく[しっかりと]デザインされている」

Model Answer

②僕は開いた戸の前に立ちどまり，中に入ろうかどうしようか少しのあいだ迷う。

Writing Tips・「開いた戸」the open door

Model Answer

③それは僕の知っているどんな図書館とも違っている。

Writing Tips・「僕の知っている」➡「僕がなじみのある」

Model Answer

Lesson 16 自分の意見を論述する①

Goal 自由英作文における記述の組み立て方や話題の展開方法を学びます。「スクエアライティング」による自由英作文ができるようになりましょう。

A　自由英作文＝「プロセスライティング」(Process Writing)

英作文には，「プロダクトライティング」と「プロセスライティング」の２つのアプローチがある。「和文英訳」は「プロダクトライティング」，「自由英作文」は「プロセスライティング」である。

①「プロダクトライティング」(和文英訳：本書の Stage 1～3)
- ・モデルとなる文章に沿って学習する。
- ・英文の「型」を覚えて，それと同じように書く。
- ・英文の正確さを意識したライティングを行うことが目的。

②「プロセスライティング」(自由英作文：本書の Stage 4)
- ・表現したいアイディアを考える。(Brainstorming)
- ・アウトラインを作成する。(Outlining)
- ・実際に英文を書く。(Writing)
- ・英文を読み直して，誤りを修正する。(Rereading & Editing)

}「アクティブライティング」

| 1. Brainstorming
アイディアを出す | | 2. Outlining
アイディアを並べる | |

| 3. Writing
実際に書く | | 4. Rereading & Editing
読み返して修正する |

＊最終的な英文に至るまでの過程(Process)の学習を目的とする。

B　「スクエアライティング」(Four Square Writing Method)のすすめ

「スクエアライティング」とは，自分の考えをわかりやすい説明や具体例で膨らませるための方法である。これを活用し，自分の考えが整理できるようになろう。

2. サポーティングセンテンス(支持文)	3. サポーティングセンテンス(支持文)
1. メインアイディア(主題文)	
4. サポーティングセンテンス(支持文)	5. 結論文(まとめの文)

- ・1. の「メインアイディア」は，自分が書くべきことの最も中心となる主張である。
- ・2. から 4. の「サポーティングセンテンス」は，「メインアイディア」の理由や具体例である。
  （与えられた字数制限によっては，2. と 3. のみを埋めればよい場合がある）
- ・5. の「結論文」では，2. から 4. の「サポーティングセンテンス」を要約し，「メインアイディア」を再び主張する。

C 「スクエアライティング」の具体的活用例

簡単な例題を用いて,「スクエアライティング」の活用法を見ていこう。

例題：When traveling in Japan, what public transportation would you prefer?

〈「スクエアライティング」の活用方法〉

・「メインアイディア」とその理由や具体例を 1. から 4. のスクエアに入れて整理する。

・5. の「結論文」は,「サポーティングセンテンス」の考えを入れ,「メインアイディア」を再び主張する(70語程度の自由英作文では「結論文」は不要な場合がある)。

・スクエアに入れる英語はシンプルにする。英語にしやすい日本語を先に作り,それをもとに英語に直してもよい。

2. 景色を楽しむことができるので，電車で快適に旅をすることができる。
2. We can travel comfortably on a train because we can enjoy the scenery.

3. 日本の電車は常に時間通りに動いているので，移動時間を簡単に見積もることができる。
3. Japanese trains are always on time, so we can estimate the travel time easily.

1. 日本を旅行するなら，私は電車がいい。
1. I would prefer trains when traveling in Japan.

4. 電車の旅行は，悪天候がそれほど影響しないので，比較的安全だ。
4. Traveling by train is relatively safe because bad weather will not affect train trips so much.

5. 電車旅行は快適で，時間通りで，安全なので，私は電車旅行が好きだ。
5. I would prefer traveling by train because train trips are more comfortable, on time and safer.

D つなぎ言葉(Transition Words)の使い方

つなぎ言葉は，文と文との関係やパラグラフの流れを示す「合図」の役割を果たす。適切なつなぎ言葉を用い，「スクエアライティング」で書いた文をつないでいこう。

順序	first(はじめに), second(第二に), next(次に), finally(最後に)
追加	in addition(加えて), moreover(さらに), furthermore(さらに), not only A but also B(A だけでなく B も)
対比	however(しかしながら), in contrast(対照的に), on the contrary(反対に), on the other hand(他方)
例示	for example / for instance(例えば), A such as B(A 例えば B)
比較	similarly(同じように), compared to [with] … (…と比べて)
原因	because(なぜなら…), since / as(…なので), thanks to … (…のおかげで), owing to … (…が原因で), due to … (…が原因で[特に be- 動詞の後で])
結果	as a result(結果として), therefore(それゆえ), thus(このように)
強調	above all(とりわけ), especially(特に), obviously(明らかに), in fact(実際に)
結論・要約	in conclusion(結論として, 最後に), in summary(締めくくりとして, 要するに)

E すぐれたパラグラフを完成させる方法

「スクエアライティング」の手法を用いて，「①メインアイディア（主題文）：主張」→「②サポーティングセンテンス（支持文）：理由・具体例」→「③結論文」という，文と文とのつながりのあるパラグラフを書こう。

英語のパラグラフは，「主題文」→「支持文」→「結論文」の順に構成されるのが基本である。そこで，「スクエアライティング」の「①メインアイディア（主題文）」，「②サポーティングセンテンス（支持文）」，「③結論文」の３要素を順に並べて調整することでパラグラフを書くことができる。

①メインアイディア（主題文）：主張
   ↓
②サポーティングセンテンス（支持文）：理由・具体例   つながりのあるパラグラフ
   ↓
③結論文（まとめの文）

例題：あなたがこれまでに出会った中で最も尊敬している先生について，具体的なエピソードを交えて70
   語程度の英文で書きなさい。

 ①The teacher I respect most is the science teacher of my high school. ②-1The reason is that he taught me what is important in life. ②-2One day, I broke a flask in the laboratory and hid it. The teacher found it and said, "Things break sometimes, but when you break them, never hide them." ③-1Since then, I have always been honest to others. ③-2He taught me a very important thing besides studying. (72 words)

この英文は，「①メインアイディア（主題文）：主張」→「②サポーティングセンテンス（支持文）：理由・具体例」→「③結論文（まとめの文）」の順序で書かれており，以下のようなパラグラフの流れになっている。

① **主張**

The teacher I respect most is the science teacher of my high school. …「尊敬しているのは理科の先生」

②-1 **理由**

The reason is that he taught me what is important in life. …「人生で大切なことを教えてくれたから」

②-2 **具体例**

One day, I broke a flask in the laboratory and hid it. The teacher found it and said, "Things break sometimes, but when you break them, never hide them." …「実験室でフラスコを割って，隠してしまったとき，先生は隠し事をしてはいけないと言った」

③-1 **まとめ（具体例を要約する）**

Since then, I have always been honest to others. …「常に正直になった」

③-2 **まとめ（理由を再度述べる）**

He taught me a very important thing besides studying. …「勉強以外に大切なことを教えてくれた」

Practice 「スクエアライティング」を活用して，次の問題に答えなさい。

1. ここ数年，日本の大学からの海外留学者数が減少傾向にあると言われていますが，あなたはこの状況をどのように考えますか。100語程度の英語で自由に論じなさい。　　　　　　　（奈良教育大★）

Writing Tips ・In my opinion [In my view], ... (私の意見では…) で始めるとよい。
　　　　　・文法：Lesson 2「『…が増える・減る』を表す表現」参照
　　　　　・トピック：Lesson 11参照

2.	3.

1.

4.	5.
内容によっては，「4.」は使用しなくてもよい。	

Your Answer

Model Answer

2. 現代は，現金をほとんど使わず，クレジットカードや電子マネーで決済ができるキャッシュレス社会になりつつあります。こうした社会にはどのような利点，あるいは問題点があると思いますか。70語程度の英文で述べなさい。 （大阪大）

Writing Tips ・トピック：Lesson 9 参照

2.		3.
	1.	
4. 内容によっては，「4.」は使用しなくてもよい。		5. 70語程度なので，「5.」（結論文）はなくてもよい。

Your Answer
_____
_____
_____
_____
_____
_____

Model Answer
_____
_____
_____
_____
_____
_____
_____

3. 現在，全世界で約3,000から8,000の言語が話されていると言われている。もしそうではなく，全世界の人々がみな同じ一つの言語を使用しているとしたら，我々の社会や生活はどのようになっていたと思うか。空所を50〜60語の英語で埋める形で答えよ。答えが複数の文になってもかまわない。

（東京大）

Writing Tips ・与えられた英語を受けて，仮定法で書く。
・文法：Lesson 7「仮定法」参照
・トピック：Lesson 11参照

```
┌──────────────┐        ┌──────────────┐
│ 2.           │        │ 3.           │
│         ┌────────────────┐          │
│         │ 1.             │          │
├─────────│                │──────────┤
│ 4.      └────────────────┘ 5.       │
│                          │          │
│ 内容によっては，「4.」は    │          │
│ 使用しなくてもよい。        │          │
└──────────────┘        └──────────────┘
```

Your Answer If there were only one language in the world, _____

_____

_____

_____

_____

Model Answer If there were only one language in the world, _____

_____

_____

_____

_____

Lesson 17 自分の意見を論述する②（検定・能力試験タイプ）

Goal 「スクエアライティング」の方法を，英語検定試験や英語能力試験の出題形式の問題で活用できるようになりましょう。

Practice 「スクエアライティング」を活用して，次の問題に答えなさい。

1. 知り合いの外国人から次のような質問をされました。あなたの意見とその理由を 2 つ英語で答えなさい。語数の目安は50〜60語です。

質問：Do you think English beginners should use electronic dictionaries at school?

Writing Tips ・トピック：Lesson 11 「言語」「学校教育」参照

2.

3.

1.

4.

書くべき理由は 2 つなので，「4.」は使用しなくてよい。

5.

Your Answer

Model Answer

2. 以下の Topic についてあなたの意見と理由 2 つを80〜100語の英語で書きなさい。Points は書く際の参考になる観点を示したものです。これら以外の観点から理由を書いても構いません。

Topic: People today are using their smartphones on trains. Do you think this is a good idea?

Points: the Internet / communication / manners

Writing Tips ・トピック：Lesson 12 「情報技術」参照

2.	3.

1.

4. 書くべき理由は 2 つなので，「4.」は使用しなくてよい。	5.

Your Answer

_____

_____

_____

_____

_____

_____

_____

Model Answer

_____

_____

_____

_____

_____

_____

3. Some people say that it is better for children to grow up in the countryside than in a big city. Do you agree or disagree? Answer this question within 100 words. Use specific reasons and examples to develop your answer.

Writing Tips ・田舎と都会のメリット・デメリットをそれぞれ考える。

2.	3.

| 1. | |

4.	5.

内容によっては，「4.」は使用しなくてもよい。

Your Answer

Model Answer

Lesson 18 自分の意見を論述する③（パラグラフ構成）

Goal 「スクエアライティング」の方法をさらに実践します。ここでは，パラグラフの構成と展開に注意して英作文ができるようになりましょう。

Practice 「スクエアライティング」を活用して，次の問題に答えなさい。

1. Write one paragraph (around 70 words) where you discuss a success that you have had in your life and what you learned from that experience. This success story can be about a good test score, a special friendship, a victory at your elementary school sports festival, getting into high school, something you experienced as part of a club activity, or anything else you can think of.

What was your success story, and what things did you learn from it? （岩手大）

Writing Tips ・サクセスストーリーはその過程で好ましい変化が起こったことを述べるとよい。

2.	3.

1.

4. 内容によっては，「4.」は使用しなくてもよい。	5.

Your Answer

Model Answer

2. Read the passage and follow the instructions below.

Many people do not know this, but when we sign up for "free" membership to become members of a social networking service (SNS), we are also agreeing to let those SNS companies sell our personal data to other companies. In a paragraph of about 120 words of English, discuss the advantages and disadvantages of this agreement for us as SNS users.

Writing Tips ・advantage と disadvantage の両方について記述する。

2.	3.

1.

4.	5.

Your Answer

_____

_____

_____

_____

_____

_____

_____

Model Answer

_____

_____

_____

_____

_____

_____

_____

_____

3. 次の文章を読んで，そこから導かれる結論を第3段落として書きなさい。全体で50〜70語の英語で答えること。

1 In order to study animal intelligence, scientists offered animals a long stick to get food outside their reach. It was discovered that primates such as chimpanzees used the stick, but elephants didn't. An elephant can hold a stick with its trunk, but doesn't use it to get food. Thus it was concluded that elephants are not as smart as chimpanzees.

2 However, Kandula, a young elephant in the National Zoo in Washington, has recently challenged that belief. The elephant was given not just sticks but a big square box and some other objects, while some fruit was placed just out of reach above him. He ignored the sticks but, after a while, began kicking the box with his foot, until it was right underneath the fruit. He then stood on the box with his front legs, which enabled him to reach the food with his trunk.   trunk　ゾウの鼻   （東京大）

Writing Tips　・第2パラグラフの先頭に対比を表す However があり，議論の中心は第2パラグラフの内容になっている。そこで，第3パラグラフは「（チンパンジーと同様に）ゾウも賢い」ことについてまとめるとよい。

2.		3.
	1.	
4. 内容によっては，「4.」は使用しなくてもよい。		5.

Your Answer　3

Model Answer　3

Lesson 19 会話や手紙を創作する

Goal 自由英作文のうち，会話や手紙の形式について学びます。意見を論述する論説文などとは異なる会話や手紙にふさわしい表現ができるようになりましょう。

A 会話や手紙は相手に自分の気持ちや考えを伝える

会話や手紙は相手とのやりとりの文章なので，相手に対する気づかいや思いやりを持たせた文を多く含むのが特徴である。会話特有の口語表現や手紙の体裁も身につけよう。

February 10, 2011

①Dear Dr. and Mrs. Reynolds,

②I'm so happy to know that you two are visiting Japan during this summer. ③I'd like to plan in advance some of the places we will visit together. I thought you might enjoy seeing the sights of Kyoto and then stopping at a hot springs resort in the countryside. ④If you have any special requests, please let me know. And please tell me the details about your arrival and length of stay.

⑤I am looking forward to hearing from you soon.

⑥Warmest regards,

Mariko Yamada

(順天堂大)

①「レイノルズ夫妻へ」

相手が不特定の場合は，「関係者各位」の意味で To whom it may concern, とする。

②「この夏にあなた方2人が日本を訪れると知ってとてもうれしく思います。」

手紙文の第1文目は相手の様子をうかがうものや自分の状況を説明するものが多い。

例 クリスマスがもうすぐそこまで来ていますね。いかがお過ごしですか。(順天堂大)

Christmas is just around the corner. How have you been?

③「一緒に訪れる場所を前もっていくつか計画したいと思います。」

手紙文では would like to のような丁寧な表現で相手に提案することが多い。

例 私は日本の10代の若者たちの生活について知りたいと思っています。(高知大)

I would like to know something about teenagers' lives in Japan.

④「もし特にご要望があれば，お知らせください。」

手紙文では「もし…でしたら」を表す if… を用いて丁寧な依頼や要請を表すことが多い。また，手紙の最後のほうで用いられるのも特徴である。

⑤「あなたからの便りを楽しみにしています。」

I am looking forward to hearing from you soon. は手紙の締めくくりとして用いられる。

例 お気をつけて。便りを楽しみにしています。(専修大)

Take care and hope to hear from you soon.

⑥「敬具」

丁寧な手紙の結びにつける。「敬具」は Sincerely (yours), / Best [Kind] regards, / Best [Kind] wishes, などで表すことができる。

Practice ✎ 次の問題に答えなさい。

1. 米国の大学に1年間の交換留学制度で留学中の日本人大学生B(女子)とルームメートである米国人大学生A(女子)との間の対話である。対話の流れに沿うように英語で会話を完成させなさい。ただし、15語程度の1文で答えること。　　　　　　　　　　　　　　　　　　　　　　　　（小樽商科大）

A : Yoshiko, can I ask you something?

B : Sure, Mary.

A : What are your impressions of this college?

B : ①＿＿＿＿＿＿＿＿＿＿＿＿＿＿＿＿＿＿＿＿＿＿＿＿＿＿＿＿＿＿＿＿＿＿＿

A : Why did you decide to study here?

B : ②＿＿＿＿＿＿＿＿＿＿＿＿＿＿＿＿＿＿＿＿＿＿＿＿＿＿＿＿＿＿＿＿＿＿＿

A : Oh, I see. What would you like to do in the future?

B : ③＿＿＿＿＿＿＿＿＿＿＿＿＿＿＿＿＿＿＿＿＿＿＿＿＿＿＿＿＿＿＿＿＿＿＿

A : That's a great idea!

B : But ④＿＿＿＿＿＿＿＿＿＿＿＿＿＿＿＿＿＿＿＿＿＿＿＿＿＿＿＿＿＿＿＿＿

A : Well, I think you can do it. I know you are really making a big effort.

B : Thank you.

> **Writing Tips** ・会話の自由英作文だが，質疑応答するつもりで書くとよい。
> ・形式：Lesson 15「会話」参照

Your Answer ①＿＿＿＿＿＿＿＿＿＿＿＿＿＿＿＿＿＿＿＿＿＿＿＿＿＿＿＿＿＿＿

＿＿＿＿＿＿＿＿＿＿＿＿＿＿＿＿＿＿＿＿＿＿＿＿＿＿＿＿＿＿＿＿＿＿＿＿＿＿＿

②＿＿＿＿＿＿＿＿＿＿＿＿＿＿＿＿＿＿＿＿＿＿＿＿＿＿＿＿＿＿＿＿＿＿＿＿＿＿

＿＿＿＿＿＿＿＿＿＿＿＿＿＿＿＿＿＿＿＿＿＿＿＿＿＿＿＿＿＿＿＿＿＿＿＿＿＿＿

③＿＿＿＿＿＿＿＿＿＿＿＿＿＿＿＿＿＿＿＿＿＿＿＿＿＿＿＿＿＿＿＿＿＿＿＿＿＿

＿＿＿＿＿＿＿＿＿＿＿＿＿＿＿＿＿＿＿＿＿＿＿＿＿＿＿＿＿＿＿＿＿＿＿＿＿＿＿

④＿＿＿＿＿＿＿＿＿＿＿＿＿＿＿＿＿＿＿＿＿＿＿＿＿＿＿＿＿＿＿＿＿＿＿＿＿＿

＿＿＿＿＿＿＿＿＿＿＿＿＿＿＿＿＿＿＿＿＿＿＿＿＿＿＿＿＿＿＿＿＿＿＿＿＿＿＿

Model Answer ①＿＿＿＿＿＿＿＿＿＿＿＿＿＿＿＿＿＿＿＿＿＿＿＿＿＿＿＿＿＿

＿＿＿＿＿＿＿＿＿＿＿＿＿＿＿＿＿＿＿＿＿＿＿＿＿＿＿＿＿＿＿＿＿＿＿＿＿＿＿

②＿＿＿＿＿＿＿＿＿＿＿＿＿＿＿＿＿＿＿＿＿＿＿＿＿＿＿＿＿＿＿＿＿＿＿＿＿＿

＿＿＿＿＿＿＿＿＿＿＿＿＿＿＿＿＿＿＿＿＿＿＿＿＿＿＿＿＿＿＿＿＿＿＿＿＿＿＿

③＿＿＿＿＿＿＿＿＿＿＿＿＿＿＿＿＿＿＿＿＿＿＿＿＿＿＿＿＿＿＿＿＿＿＿＿＿＿

＿＿＿＿＿＿＿＿＿＿＿＿＿＿＿＿＿＿＿＿＿＿＿＿＿＿＿＿＿＿＿＿＿＿＿＿＿＿＿

④＿＿＿＿＿＿＿＿＿＿＿＿＿＿＿＿＿＿＿＿＿＿＿＿＿＿＿＿＿＿＿＿＿＿＿＿＿＿

2. 大学生の吉田さんが海外の大学へ留学しようとしている。吉田さんになったつもりで，担当者に奨学金についての問い合わせをする丁寧な文章を，100語から120語程度の英語で作成しなさい。

To whom it may concern,

_____

_____

Best regards,

Y. Yoshida

（京都大★）

Writing Tips ・「問い合わせをする丁寧な文章」とあるので，その状況に応じた適切な表現を心がける。
・I would appreciate it if ... 「…してもらえたらうれしい」（Lesson 6　Collocational Phrases「接続詞を含む表現」参照）

Your Answer

_____

_____

_____

_____

_____

_____

_____

_____

_____

_____

_____

Model Answer

_____

_____

_____

_____

_____

_____

_____

_____

_____

_____

_____

3. 「積ん読」という言葉をめぐる次の会話を読んで，空欄①②に入る適当な応答を，それぞれ40語程度の英語で書きなさい。

Dolly : I see that you have so many books! You must be an avid reader.

Ken : Well, actually, I haven't read them. They are piling up in my room and just collecting dust. This is called "tsundoku."

Dolly : Really? I've never heard of "tsundoku." Can you tell me more about it?

Ken : ① _____

Dolly : I can understand. What are your thoughts on "tsundoku"?

Ken : ② _____

(京都大★)

Writing Tips ・最初の Ken の発言で「積ん読」について説明がなされている。これをふまえて作文をすること。

Your Answer ① _____

_____

_____

_____

② _____

_____

_____

_____

Model Answer ① _____

_____

_____

_____

② _____

_____

_____

_____

Lesson 20 表やグラフについて記述する

Goal 自由英作文のうち，表やグラフが示すデータなどを読み取って，それに関する自分の意見や考えを記述できるようになりましょう。

A　データの読み取りと数値を表す表現を身につける

まずは，表やグラフに示された特徴的な数値に注目することが重要である。その上で，以下に示すような統計や数値を表すのに有効な表現を用いる。また，グラフなどの内容を Fact(事実)として，その原因・理由などを Opinion(意見)として書かせる問題も多い。

Average Household Expenditures of Salaried Workers in January, 2006

Items	Amount (yen)	%
Food	62,905	21
Housing	16,250	5
Fuel, Electricity, and Water	28,428	10
Furniture and Household Utensils	8,710	3
Clothing and Footwear	13,730	5
Health and Medical Care	12,555	4
Transportation and Communication	34,644	12
Education	11,334	4
Culture and Entertainment	26,982	9
Others	78,632	27
Total	294,170	100

(総務省統計局「家計調査報告」による)

①This chart shows the household spending details of salaried workers in January, 2006.

　「この表が示すのは，2006年1月のサラリーマンの一世帯あたりの支出である。」

　・「この表が示すのは…」this chart shows [illustrates / indicates] that …

　・「棒[円]グラフ」a bar [pie] graph

②The expenditure on fuel, electricity, and water is about half the amount spent on food.

　「燃料，電気，水にかかった費用は食事にかかった金額の約半分である。」

　・「…にかかる費用[支出]」the expenditure on …

　・「…に使われる金額」the amount spent on …

③The transportation and communication expenditure is about four times that spent on furniture and household utensils.　　　　　　　　　　　　　　that = expenditure

　「交通や通信の費用は，家具や調理器具にかかるもののおよそ4倍である。」

　・「…にかかるAのX倍」X times A spent on …

④The average household spent less on education compared to housing.

　「平均的な世帯は住宅と比較して教育にはそれほどお金を使っていなかった。」

　・「…と比較して」compared to …

Practice 次の問題に答えなさい。

1. 下のグラフは，小学5年から大学院までの1日の平均学習時間を表している。このグラフについて自分が思うことを自由に150〜200語程度の英語で述べなさい。 　　　　　　（奈良教育大）

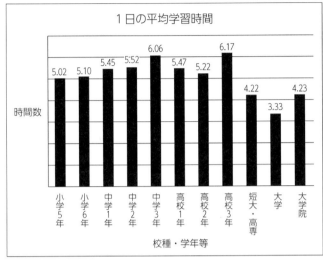

「短大」junior college
「高専」technical college
「大学院」graduate school

（総務省実施「平成23年度社会生活基本調査」による）

Writing Tips ・グラフから読み取ることができる特徴的なこと（大学生の学習時間が少ないことなど）について述べる（Fact）。そして，それについて自分が思うこと（Opinion）を述べる。

Your Answer

Model Answer

2. 次のグラフが示す1971年と2011年における，我が国の女性の労働人口比率の特徴を，100語程度の英語で簡潔に書きなさい。

（広島大）

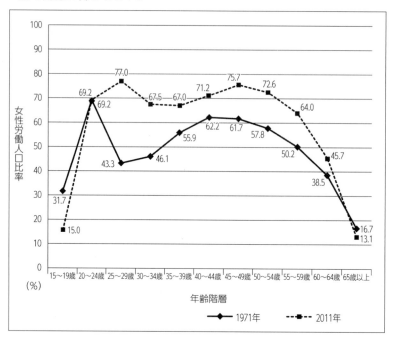

（総務省統計局　労働力調査）

Writing Tips ・「割合」percentage

Your Answer
_____
_____
_____
_____
_____
_____
_____

Model Answer
_____
_____
_____
_____
_____
_____
_____

3. Read the following instructions carefully and write a paragraph in English.

The chart below, from 2013, displays the results of an international survey on the attitudes of young people. Describe one or more results that you observe. Compare the data from several different countries. Explain a possible reason for each result that you write about. Write approximately 80-100 words in English. （名古屋大）
(Indicate the number of words you have written at the end of the composition.)

Survey item	Agreement percentage by country						
	France	Germany	Japan	Korea	Sweden	The United Kingdom	The United States
1. I am satisfied with myself.	83%	81%	46%	71%	74%	83%	86%
2. I have hope for the future.	84%	82%	62%	86%	91%	90%	91%
3. I work ambitiously even when I am not sure I will succeed.	86%	80%	52%	71%	66%	80%	79%
4. I am not motivated to complete boring tasks.	44%	45%	77%	64%	56%	55%	49%
5. I want to be useful for my country.	45%	50%	54%	43%	53%	41%	42%

(Adapted from: "Japan Cabinet Office Special Report on the Consciousness of Young People", 2013)

Writing Tips ・Fact（表の内容）と Opinion（考えられる理由）の両方を述べることが要求されている。

Your Answer

Model Answer

Lesson 21 イラストなどを描写する

Goal 自由英作文のうち，イラストや写真が示す内容を読み取って，人物や建物の位置関係などを描写することができるようになりましょう。

A　イラスト・写真の読み取りとその位置関係などを表す表現を身につける

まずは，イラストや写真に示された特徴的な内容に注目することが重要である。その上で，以下に示すような人物や建物の特徴や位置関係などを表す表現を用いる。

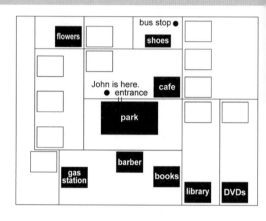

■ How can John get to the bookstore?（名城大★）

①John goes left from the park entrance.

　「ジョンは公園の入り口から左に行きます。」

　・「(起点)から(方向)に行く」go＋方向＋from＋起点

②He turns left at the end of the road, then left again at the first corner.

　「彼は道路の突き当たりを左に曲がり，それから最初の角を再び左に曲がります。」

　・「(場所)で(方向)に曲がる」turn＋方向＋at＋場所

③At the next intersection he turns right, and the bookstore is on his right hand side.

　「次の交差点で右に曲がると，その本屋は彼の右手にあります。」

　・「S は…の右手[左手]にあります」S is on one's right [left] (hand side)

■右の写真に関する描写（横浜国立大★）

①This photograph features a woman and three children ── two older children and a baby.

　「この写真は1人の女性と3人の子供たち(2人の年上の子供と赤ちゃん)の特徴を描き出している。」

　・「…の特徴を描く」feature

②The mother is sitting in the middle of the image, framed from the waist up.

　「母親が写真の真ん中に座っており，上半身が写っている。」

　・「…の真ん中に」in the middle of…

③The two older children are standing on either side of their mother and are turning away from the camera so that only their backs are visible.

　「2人の年上の子供たちは，母親の両側にそれぞれ立ち，かろうじて背中が見えるように，カメラから身を背けている。」

　・「…の両側に立つ」stand on either side of…

④The baby is lying in the mother's arm.「赤ん坊は母親の腕の中にいます。」

　・「…に横たわる，…にいる」lie in…

Practice 次の問題に答えなさい。

1. Imagine you are going to rent an accommodation beginning in April. The two apartments below are available in an area you like. Answer the following questions. Which apartment would you choose? Why?

Write your answer in English (around 60 words). (神戸大☆)

APARTMENT 1

Monthly rent	¥110,000
Size	38.00 m²
Deposit	¥110,000
Key money	¥110,000
Year built	2016
Nearest station	7 min. walk

APARTMENT 2

Monthly rent	¥55,000
Size	21.00 m²
Deposit	¥55,000
Key money	¥0
Year built	1996
Nearest station	10 min. walk

Writing Tips ・Monthly rent, Deposit（敷金）, Key money（礼金）といった費用面や, Size, Year built, 建物の方角や設備に注目する。

Your Answer

Model Answer

2. Look at the diagram below, which shows two different teaching styles, and answer the question.

(金沢大)

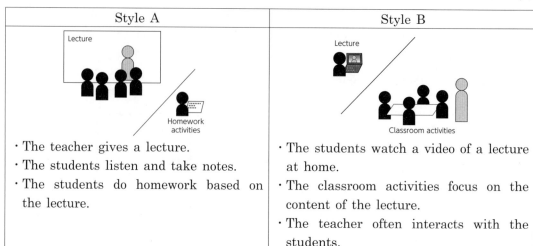

Style A	Style B
· The teacher gives a lecture. · The students listen and take notes. · The students do homework based on the lecture.	· The students watch a video of a lecture at home. · The classroom activities focus on the content of the lecture. · The teacher often interacts with the students.

Compare the advantages and disadvantages of the two styles. In your opinion, which style is better? Explain your opinion and give three reasons for it. Write 80 to 120 words in English.

Writing Tips ・「スクエアライティング」を実践し，メインアイディア→サポーティングセンテンス→結論文の構成になるようにする。

Your Answer
_____
_____
_____
_____
_____
_____
_____

Model Answer
_____
_____
_____
_____
_____
_____
_____

3. あなたは次の地図の現在地にいる。初めてこの町にやってきた留学生に，道を尋ねられた。図書館で本を借りてから大学に行きたいという。その経路を，目印を効果的に使いながら，100語程度の英語で案内してあげなさい。 （佐賀大）

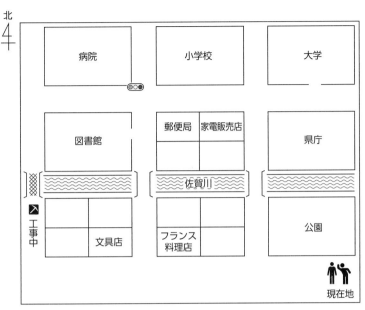

Writing Tips ・位置関係を表す表現を使いながら書く。

Your Answer _____

_____

_____

_____

_____

_____

_____

_____

Model Answer _____

_____

_____

_____

_____

_____

_____

Lesson 22 課題文について意見を論述する

Goal 「小論文」の入試問題のうち，英語の課題文を読んで自分の意見を英語で論じる問題に対応できるようになりましょう。

Practice 次の問題に答えなさい。

1. 次の英文を読んで，あなたの意見を80語以上100語以下の英文で述べなさい。 （北九州市立大）

　　Billions of plastic bags are produced globally every year. In order to protect the environment, plastic bags have been banned from shops in California. Do you think that plastic bags should also be banned in Japan? Why or why not? Provide reasons for your answer.

Writing Tips ・このレッスンでも「スクエアライティング」を実践するようにする。

Your Answer

Model Answer

2. Read the question below carefully and write your answer in English. Your answer should be in 150 words or less. (広島市立大★)

Traditionally, good handwriting has been considered important in Japanese society. But times are changing. Even though many people use computers or smartphones to communicate these days, do you think good handwriting is still important? Explain your opinion. Be sure to include specific details and reasons to support your explanation.

Writing Tips ・Opinion（メインアイディア）から Details and Reasons（サポーティングセンテンス）という，これまで学習してきた書き方を用いる。

Your Answer

Model Answer

3. 以下の英文を読んで，下記の問いに答えなさい。 （兵庫県立大★）

Time is changing and so is people's work style. With the development of high-speed Internet technology, a new way of working that is catching on* rapidly in Japan is telecommuting* (or telework). The idea of adopting a better balance of time spent in the office and at home is gaining popularity as a way to improve the quality of life for workers. One way to help achieve a better work-life balance is through telecommuting, in which people work from home with the help of telecommunication equipment like computers and webcams*.

In Japan, many companies started allowing their employees to telecommute in the 2000s as a measure to help employees who cannot work long hours in the office due to other responsibilities such as taking care of children or aged parents. The government is also promising the trend as a way to make the most of* Japan's diminishing workforce because the system helps to eliminate barriers in the labor market.

IBM Japan, Ltd. is one of the front-runners of the telecommuting concept. The computer company's telecommuters have risen sharply in number since 2001, when the company stopped asking employees to give a reason to work outside the office. A spokesman for the company stated, "This system is essential for us to attract, retain*, and motivate promising workers."

If the system becomes a standard practice* among companies in Japan, it will mitigate* commuting congestion* and allow workers to spend more time with their families. It would also help companies to reduce their overhead costs* by saving on power, rent, transportation, and other miscellaneous expenses associated with keeping employees in the office.

(Chang, Mark and Horiguchi, Kazuhisa. 2014.『英語で学ぶ日本の経済とビジネス　An Insight into the Japanese Economy』より unit を抜粋)

*catch on　流行する，人気を得る　　　*telecommuting　在宅勤務　　　*webcam　ウェブカメラ
*make the most of...　…を最大限活用する　　　*retain　…をとどめておく
*standard practice　慣行，一般的なやり方　　*mitigate　軽減する　　*congestion　混雑
*overhead costs　一般管理費

問1 This article discusses the good points of telecommuting. What are the advantages of being physically present at the office to work with colleagues? Give three possible advantages and explain why people would like to work at their office in 100 to 150 words of English.

Writing Tips ・課題文中の表現を参考にするとよい。

Your Answer

Model Answer

問2　Which do you prefer: telecommuting or working at the office?　Explain your own opinion in English in not more than 100 words.

Writing Tips ・自分の好みについての問いなので，身近な具体例を入れると書きやすくなる。

Your Answer

_____

_____

_____

_____

_____

_____

_____

Model Answer

_____

_____

_____

_____

_____

_____

_____

4. 次の文章は，幼少期の1967年にインドからカナダへ移民した筆者による論説である。これを読んで，後の問いに答えなさい。 　　　　　　　　　　　　　　　　　　　　　　　　　　　　　　　　　　（筑波大★）

I will never forget my first lesson about being Canadian.

I was 10 years old and it was my first day in my new country called Canada. I woke up and looked out the window to see a middle-aged Caucasian* man walking down the street. Excited, I called out to my father, "Look! There's an Englishman." My father gave me a stern look and said, "What makes you think he is English? You don't know if that man is from England; he could be French, or German, or Italian!"

I was shocked. In that moment I learned you must not make assumptions, and that a person's outward appearance does not define their identity. But what does define the Canadian identity? Despite all of the diversity here, is there something that unites us besides the flag or hockey? Should we be seeking such a connection?

There is no doubt Canada is multicultural. It was the first country to implement an official policy of multiculturalism in 1971, and the cultural mosaic project has been largely successful. Canada is one of the most culturally diverse countries in the world, with one of the highest per capita immigration rates. The last census revealed 24 ethnic groups with at least 100,000 members each, and one in five Canadians reports speaking a language other than English or French at home.

But there have been problems with the multicultural experiment. We have seen the formation of ethnic enclaves in which certain groups keep to themselves, and the clashing of cultures when one group's practices offend another. Should signs in languages other than English and French be allowed in store windows? Should women be allowed to cover their faces in public? How do we balance competing languages, and cultural and religious values?

Being Canadian means valuing individual freedoms, including the freedom to practice one's language, religion, and traditions, but this must absolutely be balanced with the rights and responsibilities that come with being a citizen of a liberal democracy.

Some come to Canada because they know the country will offer them freedom, but do not necessarily extend this right to all others; they still believe in control over their family members, over women, over other minorities. Some who have been in Canada for many generations have sexist, racist, homophobic*, islamaphobic* and other intolerant attitudes.

This is not okay and neither is the continuing marginalization of Canada's First Nations*. The descendants of the original inhabitants of this land have been largely left out of the diversity experiment. While various immigrant groups have thrived and prospered in Canada, this is not the case for many First Nations who have been stripped of their lands, languages, and cultures.

Former governor general* Adrienne Clarkson has claimed that what makes us unique in Canada is our acceptance of many identities; that we value each person's uniqueness and work together in diversity. I don't think we are quite there yet. We still have work to do in defining ourselves as a nation, in finding that something Canadian that unites us all.　How can we build a caring, companionate Canada in which people have the freedom to honour their language and culture but are bound together in a common cause for social justice and prosperity for all?

What we need is a concerted effort to foster collaboration across provincial*, international, and cultural borders.　Arvind Gupta, president of UBC*, has suggested that to strengthen the country, we should create a mobility fund for university students to spend one semester in another province*.　Facilitating such a process would be a fantastic way to help Canadians connect, learn from each other, and build on these relationships.

Similarly, we might consider an international mobility fund to allow students to go abroad to learn other histories, politics, and world views, returning with ideas for best practices back in Canada.　Both at home and abroad, we must seek to draw on the best from each world, learning to navigate different traditions and practices, and bringing together that which allows for innovation and progress.

This type of intercultural, interreligious, and interlinguistic co-operation might be the key to Canada's future.　On my first day in Canada, I learned not to judge a person by the colour of their skin, that white does not mean English or Canadian.　I still seek something more, something that does make us Canadian, something that unites us all. (Barj Dhahan, Opinion: Beyond multiculturalism: Seeking unification in a diverse Canada, vancouversun.com, Feb 2, 2015)

*Caucasian　コーカソイド(白人)の　　*homophobic　同性愛嫌悪の　　*islamaphobic　イスラム嫌悪の
*First Nations　(カナダの)先住民　　*governor general　カナダ総督
*province, provincial　(カナダの)州, 州の
*UBC　ブリティッシュコロンビア大学(カナダのバンクーバーに所在)

問　カナダに関する筆者の見解をふまえた上で，日本における多文化共生の課題について，200〜250語
　　程度の英語で論じなさい。

　　Writing Tips・「主題」「展開」「まとめ」というパラグラフ展開を意識する。

Your Answer

_____

_____

_____

_____

_____

_____

_____

_____

_____

_____

_____

_____

_____

_____

_____

_____

_____

_____

Model Answer